深 圳 市 宣 传 文 化 事 业 发 展 专 项 基 金 项 目

Buddhist Statues of Luoyang Longmen Grottoes
from the Northern Wei and Tang Dynasties

洛阳龙门石窟魏唐造像艺术

深圳博物馆 编

RADIANT SHRINES BY
LUSH MOUNTAIN AND RIVER

星台龙
爽爽翠微边

Buddhist Statues of Luoyang Longmen Grottoes
from the Northern Wei and Tang Dynasties

洛阳龙门石窟魏唐造像艺术

生活·讀書·新知 三联书店

星龛奕奕翠微边——洛阳龙门石窟魏唐造像艺术
展览委员会

深圳博物馆

主　　任：	叶　杨
副 主 任：	郭学雷
展览统筹：	黄阳兴　乔文杰　李维学
策 展 人：	黄阳兴
执行策展：	崔　校　谢凡雯　刘慧雯
大纲编撰：	黄阳兴　崔　校　谢凡雯　刘慧雯
形式设计：	周艺璇
陈列布展：	黄阳兴　乔文杰　吴翠明　崔　校
	刘慧雯　谢凡雯　周艺璇　冯艳平
馆办协调：	李　军　闫　明　陈思贤　彭菲菲　刘静宜
行政后勤：	刘剑波　李文田　陈丹莎　邵　扬
	秦　燕　吴　冰　胡秀娟　古伟森
	曹红其　王洹涛　刘　磊
教育推广：	刘　琨　梁　政　赖聪琳
讲解服务：	王　彤　袁　旭　孔美玉　王苑盈
	王瑾瑜　刘文君　池艺云
信息技术：	海　鸥　花蓓蓓　杨　帆
文物保护：	卢燕玲　岳婧津　杜　宁
图书资料：	李维学　吕　虹　张嘉瑜　邹佳垚
安全保卫：	曾少佳　杨业彬　曹　寅　崔思远
展览摄影：	黄诗金　张　森

龙门石窟研究院

主　　任：	史家珍
副 主 任：	王建华　孙　蓓
展览统筹：	朱　佩　高俊苹
大纲编撰：	朱　佩　高俊苹　李琳琳
陈列布展：	朱　佩　李云峰　高俊苹
	李琳琳　张智林涛
展览摄影：	张海雁　张亚光

展览时间

2020-12-30——2021-05-23

主办单位

深圳博物馆　龙门石窟研究院

展览地点

深圳博物馆历史民俗馆
第一专题展厅及中厅

|目录|
CONTENTS

FOREWORD

The Longmen (Dragon's Gate) Grottoes are located in the southern suburbs of Luoyang, which has been capital of nine dynasties in Chinese history. The grottoes are situated at the place where two mountains stand opposite each other like Chinese gate towers with the Yi River flowing through the mountains, so Longmen Grottoes are also called "the Gate of the Yi River". The famous poet Bai Juyi in Tang Dynasty complimented:"Among the suburbs surrounding Luoyang, Longmen took the first place for its great landscapes." Longmen Grottoes are the largest stone carving art treasury which contains the most numerous and the most extensive Buddhist statues in the world, which also can be considered as the highest representative of the royal grottoes art during the medieval period.

The construction of Longmen Grottoes first started when Emperor Xiaowen of Northern Wei Dynasty moved the capital to Luoyang and his Sinicization Reform policy was implemented, and the grottoes mainly were constructed by the imperial aristocracy in Northern Wei and Tang dynasties. The Guyang Cave and Binyang Caves built by the royalty of the late Northern Wei showcase the cultural communication between China and the West and national amalgamation in the period of the late Northern Wei Dynasty. The Vairocana Buddha in Fengxiansi Temple built by the Emperor Gaozong and Empress Wu Zetian represents the highest artistic level of grottoes in the Tang dynasty; the Wei period stone inscriptions represented by the Twenty Remarkable Calligraphy in Longmen and the Stela of Yique Buddhist Niche written by Chu Suiliang are all calligraphy masterpieces. Longmen Grottoes reflect historical evolution in different aspects including politics, economy, and religion during ancient times, and also it reveals the cultural communication and integration between China and the West, as well as the development of art.

Alongside the Yi River, the cliff carved with grottoes can stretch up for 1 km, and there are more than 2300 niches and 110,000 statues surviving today. It is fair to say that Longmen Grottoes are the magnificent treasure trove with great historical, cultural, and artistic value. In November 2000, the UNESCO inscribed Longmen Grottoes on the World Heritage List. The year 2020 is the 40th anniversary of establishing Shenzhen Special Economic Zone and the 20th anniversary of the successful application for World Heritage of Longmen Grottoes. Therefore, this exhibition is both a cultural present for celebrating the important anniversaries, and also a significant project to benefit the development of the Guangdong–Hong Kong–Macau Greater Bay Area. Meanwhile, it is a new start of cultural communication and cooperation between Shenzhen and Luoyang.

| 前言 |

　　龙门石窟位于著名古都洛阳南郊,所处之地两山相对,望之若阙,伊河流淌其间,故又称"伊阙"。唐代白居易称:"洛都四郊,山水之胜,龙门首焉。"龙门石窟是迄今为止世界上佛教造像最多、规模最大的石刻艺术宝库之一,也是中国魏唐时期皇家石窟艺术的最高代表。

　　龙门石窟开凿始于北魏孝文帝迁都洛阳与全面汉化改革之际,核心部分为魏唐两代皇室与王公贵族的大规模营建,此后也有零星开凿。北魏皇室贵族开凿的古阳洞、宾阳洞彰显了北魏晚期的中西交流与民族大融合,唐高宗与武则天营造的奉先寺大卢舍那佛则代表了唐代石窟的最高艺术水平。以"龙门二十品"为代表的魏碑以及褚遂良书丹的《伊阙佛龛之碑》均是书法之瑰宝。龙门石窟从不同侧面反映了中古政治、经济、宗教以及中西交流、文化融合、艺术变迁等诸多领域的历史发展。

　　龙门石窟现存窟龛 2300 余座,造像 11 万余尊,星罗棋布的石窟南北绵延长达 1 公里,堪称一座瑰丽无价的历史、文化与艺术的宝库。2000 年 11 月,联合国教科文组织将龙门石窟列入《世界遗产名录》。2020 年是深圳特区建立 40 周年,也是龙门石窟申遗成功 20 周年,本次展览既是为此盛事献上的文化大礼,也是助力粤港澳大湾区文化发展的重要项目,同时又是深洛两地文化交流合作的新起点。

龙门石窟西山风光

龙门石窟魏唐造像历史与艺术流变探微

——黄阳兴 / 深圳博物馆

雁塔遥遥绿波上，星龛奕奕翠微边。

——〔唐〕宋之问《龙门应制》

图1 龙门石窟全景

龙门石窟是中国古代著名的佛教造像胜地，位于千年古都洛阳南郊，所处之地龙门山与香山巍然对峙，伊河流淌其间，风景绝胜（图1）。从文献上看，"伊阙"之名肇始于三代传说。北魏郦道元《水经注》中载："昔大禹疏龙门以通水，两山相对，望之若阙，伊水历其间，故谓之伊阙。"[1] 洛阳"伊阙"之名屡见于《左传》《史记》《后汉书》等先秦汉魏南北朝文献，故北魏开凿时称"伊阙石窟"。学界一般认为，"龙门"之名始于仁寿四年（604）隋炀帝继位后巡幸洛阳的典故："初，炀帝尝登邙山，观伊阙，顾曰：'此非龙门邪？自古何因不建都于此？'仆射苏威对曰：'自古非不知，以俟陛下。'帝大悦，遂议都焉。"[2] 自此之后，"龙门"之名遂传播开来，唐太宗贞观年间仍多称"伊阙"，故有褚遂良所书《伊阙佛龛之碑》，直至高宗、武则天后，"龙门"基本取代"伊阙"之名[3]。

龙门石窟始凿于北魏中后期孝文帝迁都洛阳之际，自此之后，历经东魏、北齐、隋唐乃至宋金等历代的开凿营造，尤其是以北魏晚期、初盛唐两代皇室贵族为核心，包括洛都王公卿士以及各界僧俗信众的大规模开凿，伊河两岸东西两山崖壁上形成了庞大的石窟群，气势宏伟，光耀千古。根据龙门石窟研究院调查统计，龙门石窟现存窟龛2300余座，造像11万余尊，南北绵延长达1公里，且有供养人造像题记与具体年代的造像碑刻题记多达2840余处（图2）。这些为石窟造像艺术的断代与特征提供了直接的实物证据。龙门西山为主要洞窟所在地，西山南段集中开凿了古阳洞、大卢舍那佛龛等魏唐大型窟龛；西山北段则分布着摩崖三佛龛、宾阳三洞、潜溪寺等著名洞窟。东山石窟分布于万佛沟内，大型洞窟有擂鼓台三栋、高平郡王洞、看经寺等，这些都是魏唐时期最具代表性的窟龛。

龙门石窟自北魏孝文帝迁都前后开凿至今已有1500多年，是迄今为止世界上佛教造像最多、规模最大的石刻艺术宝库，也是中国魏唐时期皇家石窟艺术的最高代表，与敦煌莫高窟、云冈石窟并称中国三大石窟。龙门石窟不仅是中国中古时期石窟艺术的编年史，更是中国古代政治、历史与艺术文化演变的重要研究资料。自近代以来海内外对于龙门石窟造像艺术研究的学者云集，名家辈出，晚清民国时期，欧洲、日本等国学者包括法国的鲁勃兰斯·兰格、沙畹、瑞典的阿斯瓦德·西兰与日本的冈仓天心、常盘大定、关野贞、水野清一、长广敏雄以及中国的关百益等学者都曾对龙门石窟进行研究。新中国成立后，我国的宿白、马世长、阎文儒、刘景龙、温玉成、李玉昆、丁明夷、王振国、李文生、常青等一批相关学者，日本的冢本善隆、久野美树、肥田路美、八木春生、石松日奈子等诸多前贤在龙门石窟的造像历史、艺术或是碑刻文献等方面的研究成果都十分宏富，毋庸赘述④。本文仅拟围绕龙门石窟魏唐造像历史与艺术的演变大势略加阐述，勾勒其大致的发展脉络及其相关问题，并非面面俱到探究细节，以此略呈管见，求教于方家。

一、北魏龙门石窟造像艺术之开启

> 逮皇魏受图，光宅嵩洛，笃信弥繁，法教愈盛。王侯贵臣，弃象马如脱屣，庶士豪家，舍资财若遗迹。于是招提栉比，宝塔骈罗，争写天上之姿，竞摹山中之影，金刹与灵台比高，讲殿共阿房等壮。
>
> ——〔北魏〕杨衒之《洛阳伽蓝记·序》

东晋十六国时期，北方陷入多民族政权间的混战，前秦苻坚曾短暂统一，但在与东晋的淝水之战中一溃千里。公元386年，鲜卑族拓跋珪乘前秦分崩离析之际重建代国，天兴元年（398），拓跋鲜卑正式定国号为"魏"，定都平城（今山西大同）并开始大规模营建，史称"北魏"。从北魏道武帝拓跋珪创立王朝开始，经历明元帝拓跋嗣、太武帝拓跋焘三代帝王多年的东征西讨，先后降柔然，荡漠南、吞北燕、灭北凉，太延五年（439）正式结束了西晋末年至十六国北方长期分裂割据的历史，"廓定四表，混一戎华"⑤，完成了统一北方的大业，与南朝汉族政权形成南北对峙的政治格局。北方由此进入了相对平稳安定的发展时期，平城也聚集了来自北方各地的公卿贵族、儒释道三教学者、艺术家与各类工匠人才，成为北魏前期的首都和北方政治、经济、军事与文化中心。

（一）迁都与改革——从平城武州山石窟到洛阳伊阙石窟

魏晋南北朝时期，北方佛教僧团领袖人物清晰地感受到帝王对佛教发展的重要性。十六国时期佛图澄弟子释道安针对北方混乱政局曾指出："今遭凶年，不依国主，则法事难立。"⑥北朝时期的佛教僧侣大多以此为依托，帝王成为推动佛教最核心的力量，而南方则以士大夫佛教阶层为核心推动力，更有"沙门不敬王者论"的思想法宝。北魏文成帝和平元年（460）开凿的平城武州山石窟寺（即大同云冈石窟），便是北魏王朝营建的宏伟工程。北方佛教流行的"帝王即为当世如来"的思想由北魏僧官道人统释法果首创，这是政教结合的佛教思想，突出了皇帝崇拜与国家祈福，实现了皇权与教权的统一⑦。兴安元年（452），"诏有司为石像，令如帝身。既成，颜上、足下，各有黑石，冥同帝体上下黑子，论者以为纯诚所感"⑧。兴光元年（454）秋，"敕有司于五级大寺内，为太祖已下五帝，铸释迦立像五，各长一丈六尺，都用赤金二十五万斤"。云冈石窟著名的"昙曜五窟"开凿也秉承这一宗教政治理念，属于摹仿北魏五个帝王形象创建的护法窟，史载"于京城西武州塞，凿山石壁，开窟五所，镌建佛像各一，高者七十尺，次六十尺，雕饰奇伟，冠于一世"⑨（图3、图4）。武州山石窟也成为北魏皇室常所游幸与礼佛之胜地。从佛教造像艺术流派上，云冈昙曜五窟深受古印度犍陀罗、西域佛国与河西凉州模式的影响，主尊佛像面型方圆，袈裟偏袒右肩，线条刚劲，雄浑粗犷，平城时期的佛菩萨与金刚力士、飞天等造像融合了诸多异域风格，体现了鲜卑贵族兼采西域佛教艺术与汉地工艺传统的多元文化融合倾向。

龙门石窟开凿于北魏中后期孝文帝迁都洛阳（494年）前

图2 龙门石窟大卢舍那佛龛全景

图3 云冈石窟第19窟 "昙曜五窟"之第五窟释迦佛像

图4 云冈石窟全景

图 5-1 北魏 古阳洞窟内实景

图 5-2 北魏 古阳洞主尊与二胁侍菩萨

后，北魏时称伊阙石窟。拓跋鲜卑经营平城近百年后，孝文帝时期正式迁都洛阳，这是中国古代重大的历史事件，开启了北魏全面汉化的政治改革，同时北魏皇室贵族继承平城时期开凿云冈石窟的政治行动，开始大规模开凿洛阳龙门石窟，汉化与民族融合达到了前所未有的高潮。孝文帝拓跋宏于太和十七年（南朝齐武帝萧赜永明十一年，即公元493年）定迁都之计，"冬十月戊寅朔，幸金墉城。诏征司空穆亮与尚书李冲，将作大匠董爵，经始洛京"。太和十九年（495）九月，六宫及文武百官尽迁洛阳。此前，孝文帝为全面推行汉化改革，派出使节前往南朝学习先进的政治与文化制度，善画人物与雕刻的能工巧匠、平齐民蒋少游便是其中最核心的人物之一。太和十五年（491），蒋少游假散骑侍郎"副李彪使江南"，即出使南朝萧齐，于是乘机模写宫掖，"图画而归"[10]。陈寅恪先生曾就此进行专门探讨，认为南朝背景的崔光、刘芳、蒋少游、刘昶、王肃等输入的南朝刘宋、萧齐文物制度对北魏太和改制发挥了重要作用[11]。北魏晚期诸如刘芳的律令改革，王肃的官制典章和礼仪改革，蒋少游的服饰改革和都城建造，这些渊源自南朝的士人以及南北间的交流互动带来了南朝的政治礼仪、建筑样式和佛教艺术。孝文帝完成了从平城迁都洛阳的政治创举，并要求鲜卑族一律改汉姓，说汉话，穿汉服，与汉人通婚，彻底采用汉地政治文化与礼乐舆服制度。宣武帝继位后又扩建新都洛阳城，进一步巩固孝文帝汉化改革成果。

北魏统治者为历代帝王造像的传统从平城一直延续到洛阳，佛教石窟犹如皇室祈福修功德的"家庙"。开凿龙门石窟也是鲜卑政权佛教政治理念的延续，窟龛内容多数与北魏帝王和王公贵族祈福修德相关。龙门石窟群中开凿最早、雕刻最富丽、造像题记最多的古阳洞，据传是孝文帝为其庶祖母冯太后祈福修功德所开[12]。同时，古阳洞又是北魏皇室宗亲、公卿显贵、辅国将领、高层僧侣及地方官吏为支持孝文帝改革及迁都，祈愿国家长治久安的功德窟，洞窟内的雕刻也突出地反映了中西文明、胡汉民族以及南北文化的碰撞与融合（图5-1）。据统计，古阳洞内有1300多个大小像龛，以北魏晚期为核心又历经唐宋等多朝，且多有题记和纪年铭记，犹如龙门石窟雕刻的缩影和编年史，包括佛、菩萨、飞天等造像和供养人、礼佛图、龛楣装饰、莲座和佛

光等精彩纷呈的雕刻艺术（图5-2）[13]。

著名的"龙门二十品"中的十九品便出自古阳洞（另一品位于老龙洞外的慈香窑）。题记中包含的诸多北魏王公、贵族、高级官吏的姓名和官职多见于史书记载，两相印证，可补史之阙。如太和二十二年（498）北海王元详造像记中记述了所谓"皇帝亲御六旌，南伐萧逆"的史实，同时褒衣博带、高冠厚履的汉服供养人伞盖仪仗礼佛组像又开启了北魏晚期皇家供养人群像的新模式；[14]高太妃、侯太妃造像记等则叙述了皇室家族的历史；北魏辅国大将军杨大眼造像记除了赞颂杨大眼的显赫军功，更记载了为孝文帝祈福造像的因缘："南秽既澄，震旅归阙，军次□行，路径石窟，览先皇之明踪，睹盛圣之丽迹。瞩目□霄，泫然流感。遂为孝文皇帝造石像一区，凡及众形，罔不备列。"该记文中提到杨大眼南征萧齐归来路经龙门石窟，"览先皇之明踪，睹盛圣之丽迹"，因而感慨，遂为孝文帝造像祈福。因此，"龙门二十品"是分析龙门石窟造像断代的重要依据，深入了解北魏时期政治与社会状况的实物资料。

继古阳洞之后，"雅爱经史，尤长释氏之义"的宣武帝元恪为父母孝文帝、文昭皇后祈福开凿宾阳洞窟二所（图6），这是南北佛教艺术融合的重要代表作品，完全汉族衣冠的孝文帝与文昭皇后礼佛浮雕便是此洞窟最著名的作品（图7、图8、图9）。宾阳洞开凿于景明初年即南朝齐梁更替之际，属于超大规模的国家石窟工程，具有重要的政治与宗教意义，一定程度上也是宣武帝支持继续推行汉化改革的政治行动，佛龛造像与帝后礼佛浮雕的空间布局及服制选择便是明确的宣示。据《魏书·释老志》中载：

景明初，世宗诏大长秋卿白整准代京灵岩寺石窟，于洛南伊阙山，为高祖、文昭皇太后营石窟二所。初建之始，窟顶去地三百一十尺。至正始二年中，始出斩山二十三丈。至大长秋卿王质，谓斩山太高，费功难就，奏求下移就平，去地一百尺，南北一百四十尺。永平中，中尹刘腾奏为世宗复造石窟一，凡为三所。从景明元年至正光四年六月已前，用功八十万二千三百六十六。[15]

可见北魏皇室主持营造的宾阳洞工程浩大，斩山难度极高，唯有国家组织大量工匠、投入巨额财力方能成就。"大长秋卿"

是专管后宫事宜的官职，多由宦官担任，白整是孝文帝身后据遗诏赐死皇后冯润的直接执行者。由于开凿石窟的需要，景明初在伊阙专门设立了石窟署、营福署，专营佛教石窟等事务，这可从鲁迅曾经收藏的《魏故旷野将军石窟署徐君墓志铭》中略窥端倪⑯。宣武帝驾崩后，孝明帝继位，深信佛教的胡太后临朝听政，鉴于此前皇室造像修功德的政治传统，也采取了增修伊阙石窟的行动，宦官刘腾组织为宣武帝（即世宗）加造石窟

一所，加上此前所修两所，即著名的宾阳三洞。宾阳洞直至正光四年（523）方停工，前后二十余年，用工八万多。由于北魏晚期政治变动，主持宾阳洞工程的宦官刘腾病逝，宾阳南洞与北洞成为未完工的大型洞窟。

胡太后主政时期，在龙门石窟与洛阳城中大兴佛寺。北魏洛阳著名的永宁寺便是胡太后敕建，永宁寺出土的大量汉族衣冠泥塑像也体现了汉化改革的强烈影响⑰。此前孝文帝与其庶

图 6 北魏 宾阳中洞全景

图 7-1 民国 龙门石窟宾阳中洞 孝文帝礼佛浮雕照片

图 7-2 民国 龙门石窟宾阳中洞 文昭皇后礼佛浮雕照片

图 8 北魏 魏孝文帝礼佛浮雕 美国纽约大都会艺术博物馆藏

图 9 北魏 文昭皇后礼佛浮雕 美国纳尔逊－阿特斯金艺术博物馆藏

图 10-1 北魏 皇甫公窟正壁

图 10-2 北魏 皇甫公窟北壁 礼佛浮雕

图 10-3 北魏 皇甫公窟南壁 礼佛浮雕局部

图 11 北魏 龙门石窟莲花洞窟全景

祖母冯太后便并称"二皇"或"二圣"，孝明帝与胡太后也多称"二帝"或"二圣"，这是颇有趣的政治现象。皇室贵族常游幸龙门石窟，见于记载的有熙平二年（517）四月胡太后"幸伊阙石窟寺"，孝昌二年（526）八月孝明帝"幸南石窟寺"⑱。古阳洞内有正光三年（522）比丘慧畅仰为孝明皇帝、胡太后等敬造弥勒像的题记；老龙窝内有正光五年（524）为"皇帝陛下、皇太后"造像题记；莲花洞内有孝昌元年（525）中明寺比丘尼道扬、道保等"仰为皇帝陛下，皇太后……一时成佛"的造像题记。北魏中晚期以来，上为当今皇帝及群臣百僚、下及众生的造像祈愿文成为一种题记范式，也显示了佛教与国家政治的密切关系。根据学者的相关研究，皇甫公窟很可能是孝明帝与胡太后为代表的皇室以及贵戚皇甫家族共同经营开凿的（图10）。

除著名的古阳洞与宾阳中洞外，莲花洞、皇甫公窟、魏字洞、普泰洞、火烧洞、慈香窟、路洞等都是北魏晚期皇室或王公贵族开凿的重要洞窟（图11）。北魏晚期政治动乱，鲜卑旧军事贵族尔朱荣滥杀洛阳朝士两千余人，史称"河阴之变"，造成了北朝政治集团的大换血，汉化鲜卑贵族与北方汉族世家遭到了大规模清洗，取而代之的东魏北齐、西魏北周都一度盛行"胡化"与外来化风潮，尤其是东魏北齐统治的中原区域，外来佛教思想与艺术更为盛行，无论邺城响堂山石窟、邺城北吴庄窖藏，还是青州龙兴寺窖藏、曲阳修德寺窖藏造像都体现了浓郁的外来艺术影响。洛阳属于东魏北齐地域，这时期造像数量很少，窟龛也很小，但从艺术风格上却是受邺城影响，也体现了比较多的外来影响。

（二）"褒衣博带""秀骨清像"——龙门石窟与南朝佛教艺术

中外佛教艺术史学者大都认为，北魏龙门石窟所见的褒衣博带与秀骨清像式造像源自南朝佛教艺术。所谓"褒衣博带"是指汉魏以来儒学士族崇尚的服装，衣袖宽大，中结绅带。"褒衣博带"较早见于《汉书·隽不疑传》："不疑冠进贤冠，带櫑具剑，佩环玦，褒衣博带，盛服至门上谒。"⑲唐颜师古注云："褒，大裾也，言着褒大之衣，广博之带也。"班固《白虎通义》中云："衣裳所以必有绅带者，示谨敬自约整也。"南北朝时期，褒衣博带、革履高冠是汉族士大夫阶层的标准样服。佛教造像自汉代传入中国以后，与传统文人士大夫主导下的传统艺术积极融合，逐渐形成了具有汉族文化审美的"中国化"造像。永嘉之乱后，中原士大夫大量迁徙至南方，史称"衣冠南渡"。北方先后进入"五胡十六国"以及鲜卑族统治时代，南朝始终为汉族门阀贵族所统治，好尚义理的南方"士大夫佛教"的影响力远超北方，北方士大夫衣冠人物多奉南朝为"正朔所在"⑳，这与北方依托皇帝传播佛教的方式有着强烈的差异。

汉地佛教造像的中国化进程中，兼善绘画、雕塑的东晋戴逵及其次子戴颙发挥了重要的历史作用，戴氏父子改造了印度传来的佛像样式，创造性地加以汉族士族的容貌与褒衣博带服饰，藻绘雕刻，夹纻妆銮，开千载造像艺术之先风。据初唐道世《法苑珠林》载：

> 自泥洹以来，久逾千祀。西方像制，流式中夏。虽依

经镕铸，各务仿佛。名士奇匠，竞心展力，而精分密数，未有殊绝。晋世有谯国戴逵，字安道者，风清概远，肥遁旧吴。宅性居理，游心释教。且机思通赡，巧拟造化。思所以影响法相，咫尺应身。乃作无量寿、挟侍菩萨，研思致妙，精锐定制，潜于帷中密听众论。所闻褒贬，辄加详改。覈准度于毫芒，审光色于浓淡。其和墨点采，刻形镂法，虽周人尽策之微，宋客象楮之妙，不能踰也。委心积虑，三年方成。振代迄今，所未曾有。凡在瞻仰，有若至真。……造行像五躯，积虑十年，像旧在瓦官寺……逮第二子颙，字仲若，素韵渊澹，雅好丘园。既负荷幽贞，亦继志才巧。逮每制像，常共参虑……二戴像制，历代独步。其所造甚多，并散在诸寺，难悉详录。㉑

这段记载极为重要，从中可见戴逵父子制像的诸多细节与流传情况。戴逵所造灵宝寺无量寿佛三尊像后来为南朝历代皇帝所供奉，"宋文帝迎像供养，恒在后堂。齐高帝起正觉寺，欲以胜妙灵像镇抚法殿，乃奉移此像"。戴逵又用十年之功造行像五躯，置于瓦官寺；造招隐寺，首创制作五夹纻佛像。唐李绰《尚书故实》称："佛像本胡夷朴陋，人不生敬，今之藻绘雕刻，自戴颙始也。"又据《世说新语》载："戴安道中年画行像甚精妙，庾道季看之，语戴云：'神明太俗，由卿世情未尽。'戴云：'唯务光当免卿此语耳。'"㉒这说明戴逵造像艺术力求在"神明"与"世情"之间寻求一种平衡，正是这种努力使得汉化佛像外观和精神气韵都获得了大多数群体的认同和接受。戴颙也曾改造刘宋太子所铸瓦官寺面瘦的丈六金像佛像臂胛，时人服其精思。戴逵、戴颙父子一门"高风振于晋宋"，善画士族衣冠人物，尤其造像使得中国佛教艺术出现了本质性的转变与飞跃，"二戴像制，历代独步"，其代表就是中国化的褒衣博带、名士风度的经典样式。南朝齐梁间艺术评论家谢赫《古画品录》中称戴逵作品："情韵连绵，风趣巧拔，善图贤圣，百工所范，苟卫已后，实称领袖。"㉓

与此同时，东晋名画家顾恺之创造了具有典型名士风度的维摩诘居士等佛教人物形象，所谓"清羸示病之容，隐几忘言之像"堪称经典，顾氏在瓦官寺的佛教壁画也闻名南朝。南朝刘宋时期陆探微更发挥"秀骨清像"的艺术形象，"令人凛凛，若对神明"。大致可以判断，东晋中后期至刘宋初，南方中国化的佛教艺术逐步走向成熟，适应了士族好谈义理与玄学的审美。据唐张彦远《历代名画记》载：

> 张怀瓘云：顾、陆及张僧繇，评者各重其一，皆为当矣。陆公参灵酌妙，动与神会，笔迹劲利，如锥刀焉；秀骨清像，似觉生动；令人凛凛，若对神明。虽妙极象中，而思不融乎墨外。夫象人风骨，张亚于顾、陆也。张得其肉，陆得其骨，顾得其神。神妙亡方，以顾为最。㉔

自刘宋之后，南朝佛像逐渐呈现出褒衣博带式佛衣以及秀骨清像的风貌，彰显出一派深谙玄学之道的名士风范。南京西善桥出土的荣启期与竹林七贤模印砖雕图像便是褒衣博带、秀骨清像的南朝艺术（图12）。佛教造像中目前所见最早纪年的

图12 南朝 宋齐之间 竹林七贤与荣启期砖雕 拓片
1960年江苏南京西善桥宫山大墓出土 南京博物院藏

图13 南朝萧齐 建安二年（480）释法明造观世音成佛造
像龛 1990年四川成都商业街出土 成都博物馆藏

图14 南朝萧齐 永明元年（483） 释玄嵩造像碑正面无量寿佛与背面弥勒佛像
1921年四川茂县出土 四川博物院藏

图15 北魏 维摩诘居士浮雕
洛阳龙门石窟宾阳中洞东壁 美国国立亚洲艺术博物馆藏

褒衣博带佛衣造像实物是1990年成都商业街出土的萧齐建安二年（480）观音菩萨成佛像，观音身着褒衣博带式佛衣，面相清瘦，悬裳而坐（图13）。此外，四川茂县出土的南朝萧齐永明元年（483）弥勒与无量寿佛像，面相清秀，一面为佛结跏趺坐像，高肉髻，宽博外衣，胸前结绅带，袈裟悬裳。两处佛像都具有典型南朝玄学审美的名士风范（图14）[25]。

南朝刘宋、萧齐佛教艺术正是龙门石窟造像变革的渊源所在。东晋南朝这些名家所造中国化的佛像艺术，直接影响到北魏中晚期的佛教造像[26]。北魏孝文帝迁都洛阳后，实施全面汉化的政治文化改革，学习和引进南朝萧齐文化，致力于恢复魏以来的中原汉地礼仪传统，文化艺术发展到了全新的高度。《隋书·文学传序》指出："暨永明、天监之际，太和、天保之间，洛阳、江左，文雅尤盛。"《北史·文苑传》概括地指出："江左宫商发越，贵于清绮；河朔词义贞刚，重乎气质。"

北魏汉化改革后，佛教造像也积极采用中国化更浓郁的南朝样式，流行褒衣博带式佛衣和秀骨清相之风，佛袈裟衣褶绵密垂于台座，谓之"悬裳"[27]。龙门石窟无论古阳洞还是宾阳洞都未沿用云冈中心柱窟的模式，而是采用南方石窟的方形窟样，与南朝齐梁栖霞山栖霞寺石窟一致。佛像多面容清癯，风清古峻，"似觉生动，令人凛凛，若对神明"，这也成为北魏中晚期至东魏早期佛教主流图像样式，龙门北魏晚期石窟即是这时期造像艺术的典型代表，可谓兼"清绮"与"气质"于一身，尤其以宣武帝时期为孝文帝、昭文皇后开凿的宾阳中洞为代表，既有南朝的褒衣博带之风度，又有北方雄浑刚健之气质。

当然，从云冈到龙门，期间造像风格变化不是一蹴而就，而是经历了一个演变过程，由西域特色与鲜卑文化融合风格，到鲜卑文化与南朝文化碰撞与交融，再到全面南朝化或曰汉化的艺术风格。龙门石窟早期洞窟如古阳洞造像中，既含有云冈石窟较为浓厚的线条和肩膀宽阔等游牧民族特有的风格，也有融合了南朝服饰褒衣博带与士大夫秀骨清像影响的风格，可见"笔迹劲利，如锥刀焉"的南朝雕刻风格，反映了此时佛教造像仍处于南北融合的过渡时期。如古阳洞内主尊佛仍是袒右偏衫袈裟与宽肩的双跏趺坐姿，具有中亚佛像服饰特征，但脸部依稀可辨其清秀瘦硬；又如古阳洞内北魏晚期的始平公造像龛，该龛为一佛二菩萨三尊式组合，主佛也着袒右袈裟，宽肩外加偏衫，二菩萨胁侍两侧，龛楣镌刻华丽的璎珞华绳，拱柱雕出承托的四臂力士，下檐密雕西亚风格的缠枝纹图案，具有犍陀罗高浮雕造型的浓郁风格；重层下檐内供养人造像则均着夹领小袖的鲜卑式服饰，由此可见龙门石窟早期造像与西域佛教文化、鲜卑文化融合的现象（图16）。

北魏晚期古阳洞134号龛也颇具代表性。此龛为尖拱形龛，龛内雕刻一佛二弟子二菩萨，装饰坐佛、飞天、火焰等仍具有犍陀罗艺术风格，但释迦主尊已改着褒衣博带的双领垂肩式佛衣，下摆密褶稠叠；龛楣正中有一尖拱二佛龛，佛像也着褒衣博带式袈裟。此为孝文帝汉化改革后龙门造像服饰的一代新风，表明北魏造像进入了全面汉化的时代。至宾阳中洞，其主佛脸颊比起云冈石窟"昙曜五窟"的露天大佛，线条已经较

为柔和与消瘦，着褒衣博带式外衣，典型的南朝汉族士大夫装束，但仍宽肩而刚健，可归于南北文化交融的早期表现。如龙门石窟出土北魏晚期菩萨头像面型细窄瘦长；飞天像清秀俊逸，用刀劲削，属北魏汉化改革后流行的秀骨清像风格，反映了南朝化审美的崇尚（参见本书第40、41页）。特别是顾恺之创立的"清羸示病之容，隐几忘言之状"的维摩诘形象在龙门石窟北魏造像中盛行一时。维摩诘居士褒衣博带，高冠厚履，手持麈尾，俨然一派魏晋名士风度（图15）。此外，通过宋摹本顾恺之《洛神赋图》与北魏晚期相关造像对比，菩萨帔帛飘举、清秀俊逸的绰约风姿，可见东晋南朝艺术对孝文帝改革后造像的显著影响（图17、图18、图19、图20）。

日本著名佛教美术史学者吉村怜认为，龙门石窟北魏"正光造像"是典型模仿自南朝佛教艺术，渊源自南朝政治文化中心建康[28]。如北魏晚期龙门石窟大量的褒衣博带和秀骨清像的

图16 北魏 古阳洞北壁四大龛实景（第三层）

图17 北魏 铜鎏金菩萨立像 故宫博物院藏

图18 北魏 熙平三年（518）比丘昙任造铜鎏金释迦多宝二佛像 法国吉美国立亚洲艺术博物馆藏

图19 北魏晚期至东魏初 菩萨立像 山西博物院藏

图20 东晋 顾恺之《洛神赋图》局部 故宫博物院藏本

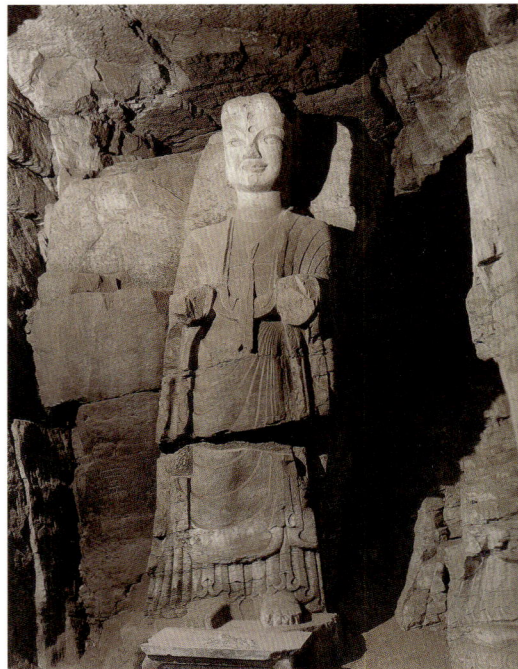

图21 北魏晚期 万佛山石窟 摩崖大佛像龛　　图22 北魏晚期 巩县石窟 第三窟　　图23 北魏晚期 水泉石窟 东壁立佛像

图24 东魏晚期至北齐早期 菩萨残像　　图25 东魏 双观音像 曲阳修德寺窖藏出土　　图26 北齐 响堂山石窟　　图27 北齐菩萨像响堂山石窟
龙门石窟研究院藏　　　　　　　故宫博物院藏　　　　　　　胁侍菩萨像　　　　　美国宾夕法尼亚大学博物馆藏

佛造像、帝后礼佛图中装束华贵冠戴堂皇的帝后礼佛图，服饰与礼仪制度均为汉化的表现，两壁浮雕人物顾盼神飞，气韵生动，堪称北魏皇家工匠艺术的杰作。南朝宋、齐无量寿净土信仰也对北魏洛阳时期的龙门石窟造像产生了重要影响。汤用彤先生指出：

> 盖魏之义学如《成实》《涅槃》《毗昙》均导源于孝文帝之世。北方义学沉寂于魏初者，至此经孝文之诱掖而渐光大也。……在孝文帝世，朝臣之知佛教义学者如崔光、王肃等则均系出江南，及至魏齐之际，士大夫为学，颇重谈论，南方之风从同。[29]

如北方无量寿佛信仰即受南朝影响而兴起。宿白先生指出："龙门出现无量寿龛已属孝明时期，且有与南方情况相同之无量寿、弥勒并奉之例。可见中原北方对无量寿之崇敬并非根植于魏土，而是六世纪初期以后，接受流行无量寿信仰南方的影响。"[30]可见无论佛教义理之学还是造像艺术风格，北魏孝文帝改革之后的佛教都深受南朝佛教文化艺术的影响。当然需要指出的是，龙门石窟接受的主要是南朝刘宋、萧齐时期褒衣博带、秀骨清像的造像样式。萧梁之后，以张僧繇为代表的绘画

雕塑家又融合了外来艺术风格，形成了"面短而艳""笔才一二而像已应焉"的"疏体"艺术，史称"张家样"，也开启了隋唐丰腴饱满艺术的先声。

值得注意的是，北魏晚期随着龙门石窟造像运动的兴盛，以洛阳为中心的中原地区也掀起了开凿石窟的热潮，开龛造像盛极一时。诸如洛阳吉利区万佛山石窟（图21）、巩义市巩县石窟（图22）、偃师市水泉石窟（图23）、嵩县铺沟石窟、伊川县石佛寺石窟、宜阳县虎头寺石窟、新安县西沃石窟、孟津县谢庄石窟、义马市鸿庆寺石窟等都是北魏中后期开凿的重要佛教石窟。这些佛教石窟以洛阳龙门石窟为中心，造像艺术风格也以龙门石窟为参照，褒衣博带式佛像与秀骨清像之面貌风行一时。不仅如此，孝文帝汉化改革以及龙门石窟佛教艺术南朝化的倾向也影响了北方广大地区，包括敦煌石窟、麦积山石窟、云冈石窟等大型佛教石窟艺术以及北方各类造像碑、鎏金铜铸像等都受这股汉化风潮的影响。

龙门石窟中不同地域文化的碰撞交融并不止于北魏时期，北魏分裂后旧鲜卑贵族重新掌权，政治文化中心也由洛阳迁至邺城（东魏、北齐都城）与长安（西魏、北周都城），洛阳再次

被放弃。基于政治与军事的多重考虑，高欢带着傀儡的元魏皇族与朝臣迁都邺城，据杨衒之《洛阳伽蓝记·序》载："暨永熙多难，皇舆迁邺，诸寺僧尼，亦与时徙。"《北齐书》载："诏下三日，车驾便发，户四十万狼狈就道。"[31] 龙门石窟由此也进入一段相对沉寂的历史时期，东魏、北齐仅见少量小龛开凿[32]。东魏、北齐时期更多吸取了西域与外来风格，如龙门石窟比较具有代表性的药方洞一佛二弟子二菩萨造像，衣纹简约，与邺城响堂山高氏皇家石窟特征很是接近。东魏晚期至北齐初年的一件菩萨残像，双手合十，身饰帔帛，下身着裙，衣纹简练，贴体流畅，尤可注意的是菩萨腹部鼓出，左腿作曲膝前行状，跣足而立，体态颇具动感，具有典型西域风格（图24），这与河北曲阳修德寺窖藏东魏北齐造像（图25）、邺城响堂山石窟北齐造像（图26、图27）风格基本相似。由此可见，政治与文化艺术之间有紧密联系，中西文明、南北文化的交流与胡汉民族的融合始终贯穿了北朝的石窟艺术。南北朝时期，佛像的样式变化最为剧烈而多元，其深受中西文化交流、政治格局变动、南北人口迁徙与胡汉民族融合等多重影响，形成了具有典型中国特色的佛教艺术，对后世乃至东亚佛教艺术都有着深远影响与独一无二的作用[33]。

北朝晚期，随着佛教势力的持续发展，寺院经济力量与皇权统治产生了激烈的冲突，北周武帝宇文邕展开了一场声势浩大的毁佛运动。建德三年（574）五月，周武帝下令："初断佛、道二教，经像悉毁，罢沙门、道士，并令还民，并禁诸淫祀，礼典所不载者，尽除之。"[34] 北周攻灭北齐后，周武帝也宣布废佛，"毁破前代关山西东数百年来官私所造一切佛塔，扫地悉尽。融刮圣容，焚烧经典"[35]。各州寺庙，尽赐王公充为第宅，三百余万僧人皆复军民，这是自北魏太武帝毁佛以来又一次大规模的毁佛运动，佛教再次遭到沉重的打击。然而，历史总是充满了意外，随着灭佛运动的全面铺开，周武帝征伐途中突然去世，北周不久被外戚终结，一个全新的统一的隋唐帝国与佛教文化灿烂的时代即将来临。

二、东都政治——唐代造像艺术的新变与气象

公元581年，掌握朝政大权的外戚杨坚迫使北周静帝禅让帝位，建立了大隋帝国。隋文帝建国后即大力复兴佛教，崇奉舍利，营造经像，官写一切经置于寺内，"天下之人，从风而靡，竞相景慕，民间佛经，多于六经数十百倍"[36]。宋敏求指出："隋文承周武之后大崇释氏，以收人望。"[37] 开皇九年（589），隋朝灭南朝陈，从而结束了西晋末年以来南北地域长期分裂以及混战的政治局面，重新统一了中国，恢复了大一统的中央集权。隋炀帝对洛阳情有独钟，"龙门"之称便自其出。隋炀帝继位第二年即大业元年（605），命尚书令杨素、宇文恺负责营建东都，其诏曰："然洛邑自古之都，王畿之内，天地之所合，阴阳之所和。控以三河，固以四塞，水陆通，贡赋等。"[38] 于是"始于旧成周之西十八里，旧王城之东五里，筑京城"[39]。隋东都洛阳城中轴线"前直伊阙，后据邙山，左瀍右涧，洛水贯其中，以象河汉"[40]。由此开启了洛阳历史上最辉煌、最繁华也最令人

瞩目的隋唐东都时代。隋文帝和隋炀帝两代皇帝都积极支持佛教事业的发展，重修和兴建寺庙佛塔、大兴造像、礼敬僧人、建立僧官制度、提倡佛学研究等，隋代龙门石窟也有一些零星的开凿，宾阳中洞力士像龛旁与宾阳南洞多有分布[41]。佛教艺术在隋代得以复兴，拉开了佛教造像艺术全新灿烂的序幕，是南北朝佛造像向盛唐转型的重要过渡阶段，为唐代佛教文化艺术的全面繁荣奠定了基础。随着隋唐国家的大一统，南北文化的融合，政治经济不断强盛，佛教进入了全面兴盛的高度发展期。

唐代洛阳城的地位在高宗与武则天时期达到了历史顶峰，尤其是武则天时期将洛阳作为武周的首都，号称神都。洛阳在初盛唐人心中具有重要的地位，盛唐时期"燕许大手笔"的张说与苏颋都曾在龙门造像或寺院碑志中有阐述。盛唐张说《龙门西龛苏合宫等身观世音菩萨像颂》中称：

> 天下之大都有五，而河洛总其中；皇居之赤县有二，而合宫是其一。四隩辐凑，万商应穆，政颇财黜，刑放宠怙，所由然旧矣。[42]

又苏颋《唐河南龙门听琵寺碑》中载初唐来华著名僧人宝思惟有一段关于洛阳的论述很有趣：

> 常谓洛京阙塞，山断川流，枕城池于正阳，当日月于亭午。脉脉中泻逶迤左薄，黄道映以为界，翠屏临而见空：天下地势之寄也。故宝塔层盘，镜龛延裹，御梯凭下，敷座因高，具次八四，方成万亿，皆默而许之，感遂通者。[43]

这是借外国僧人之口称赞洛阳与龙门石窟的重要，"宝塔层盘，敬龛延裹"乃至皇帝"御梯凭下"，正反映了洛阳佛教与石窟造像的兴盛。无论僧俗都对洛阳的地理位置给予高度赞誉，这类赞颂洛阳地势风景的文献在洛阳地区造像记文与墓志中颇为常见。

（一）唐高宗、武则天与龙门石窟造像的鼎盛

唐代是中国古代在世界历史舞台上的黄金时期，文治武功、典章制度成就辉煌，国际影响臻于极盛，也是中国佛教发展的全盛时期，事实上的国际佛教中心。唐代佛教倡导"破斥南北，禅义均弘"，总结南北朝以来佛教学说与艺术成就，彻底完成了"胡貌梵相"到"改梵为夏"的转变，佛教造像艺术空前繁荣和发达，艺术形象丰富多样且高度世俗化。虽然中西文化交融空前兴盛，但中国佛教经历汉地五百余年的发展和沉淀，在接收新传来思想的同时也具有更强烈的自觉和自主意识。

参照皇帝"御容"雕刻等身佛像是北魏以来的宗教政治传统，显示了北朝隋唐佛教的国家宗教和世俗化特征。北周孝明帝曾为其父孝闵帝敬造卢舍那等身游檀佛像，南朝梁武帝、隋文帝等都有等身造像之作。唐代帝王亦谙熟此道，以此修功德、为国祈福并宣扬皇帝威德。武德二年（619），"诏为太祖已下造瓶檀等身佛三躯"[44]，所谓"等身佛三躯"即追拟李唐太祖李虎、世祖李颍与高祖李渊，依其形象作佛像，正为"三躯"。唐太宗避暑南山"为太武舍而为寺……又送太武及主上等身夹纻像六躯，永镇供养"[45]。武则天长安二年（702），"内出等身金铜像一铺，并九部乐，上与歧、薛二王亲送至寺（招福寺）"[46]。五代王溥《唐会要》卷五十载："天宝三载（744）二月，两

京及天下诸郡于开元观、开元寺以金铜铸玄宗等身天尊及佛各一躯。"由此可见，初唐佛道两教都以御容做等身佛及天尊像置于寺观中供养。

龙门自唐初以来便是李唐皇室贵族青睐的造像胜地。唐太宗贞观十五年（641），魏王李泰为母长孙皇后祈福修功德，于是改造增修北魏皇室未完工的旧龛宾阳南北洞造像。当时名臣岑文本撰文、褚遂良书丹《伊阙佛龛之碑》，该碑文盛赞龙门地理环境之胜：

> 惟此三州，实总六合。王城设险，曲阜营定鼎之基；伊阙作桐，文命辟襄陵之□。穹隆极天，峥嵘无景；幽林招隐，洞穴藏金。云生翠谷，横石室而成盖；霞舒丹巘，临松门而建标。密基拒于嵩山，依希雪岭；□流注于德水，佛佛连河。斯固真俗之名区，人祇之绝境也。[47]

文中也盛赞长孙皇后之美德与魏王李泰之孝心，实则试图使魏王在政治上获得唐太宗的信任，"潜有夺嫡之意"，即通过此举意在为谋求太子之位增加政治影响。与此同时，碑文中还详细描写了捐资请工匠翻修窟龛的情况：

> 楚般竭其思，宋墨骋其奇。疏绝壁于玉绳之表，而灵龛星列；雕□石于金波之外，而尊容月举。或仍旧而增严，或维新而极妙。白豪流照，掩莲花之质，绀发扬晖，分檀林之侣。是故近瞻宝相，俨若全身；远□神光，湛如留影。嗤镂玉之为劣，鄙刻檀之未工。杲杲焉，逾日轮之丽长汉；峨峨焉，迈金山之映巨壑。睹阁在目，邻竭可想。宝花降祥，蔽五云之色；天乐振响，夺万籁之音。[48]

根据碑文，"灵龛星列"，可知开龛颇多，"或仍旧而增严，或维新而极妙"，可见既有重新装饰也有修葺改装的造像。经过增修改造后的宾阳南北二洞可谓焕然一新，工艺上也极精湛，"近瞻宝相，俨若全身，远□神光，湛如留影"，形象可谓精美绝伦，从现存洞窟造像面貌上亦可见端倪（图28、图29）。龙门宾阳南北洞初唐造像尚存北朝遗风，颇受长安造像艺术影响，然大唐写实主义新风已然开启。

此外，唐太宗纪国太妃（纪王慎之母）于高宗麟德二年（665）前开凿的敬善寺石窟也是初唐重要代表，位于宾阳三洞南半崖处，此窟为西方三圣（阿弥陀佛与观音、大势至二胁侍菩萨），窟

图28 唐 宾阳南洞 魏王李泰改造

图29 唐 宾阳北洞 魏王李泰整修改造

图30 唐 敬善寺窟 纪王妃造像龛

图31 唐 万佛洞窟 西方三圣像

图32 唐 潜溪寺洞窟 西方三圣像

图33 唐 惠简洞窟 倚坐弥勒像

图34 龙门石窟大卢舍那佛像龛全景图 唐高宗营造

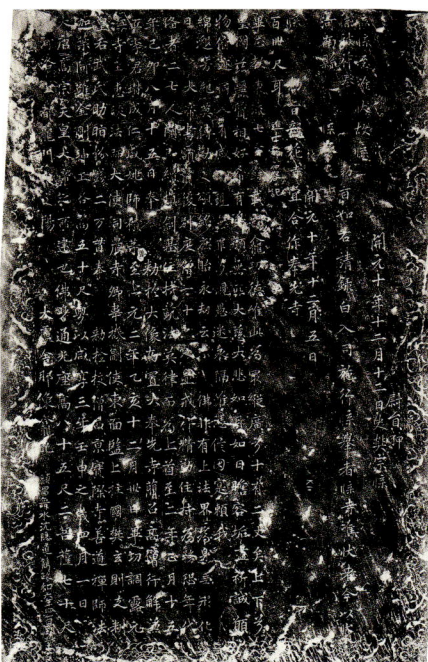

图35 大卢舍那佛像龛记文拓片

图36 大卢舍那佛像

图37 日本 奈良东大寺大佛像 笔者摄

内主尊阿弥陀佛像，二弟子二菩萨二天王并五十菩萨像，呈现了初唐西方净土信仰的图像面貌，尤其是身着甲胄的浮雕天王像属首次出现在龙门石窟（图30）。唐孟利贞撰《龙门敬善寺石龛阿弥陀佛观音大势至二菩萨像铭（并序）》文曰：

> 日轮□景，月面开华。莲眸若视，果屬如笑。绀发傍映，驻烟彩而凝光；红抓相晖，带霞文而散彩。真容有□，仙卫分部。怖鸽仰而知归，游龙望而遥集。

这是关于石窟造像的文学书写，"日轮""月面""莲眸""果屬""绀发""红抓"都是佛像特征的重要描述。尤其值得注意的是，内外龛壁间有数龛半跏趺坐菩萨装地藏像以及站姿持净瓶、杨柳的观音菩萨像，这是中国化的净土三尊组合，这类组合尊像很可能受到玄奘翻译流布地藏菩萨信仰经典的影响。著名的万佛洞是唐代内道场智运禅师与大监（宫中女官）姚神表为唐高宗、武皇后及诸王祈福修功德所造窟，龛像雕刻精湛，主尊西方三圣像与两侧弟子、天王及外龛力士皆生动传神（图31）。初唐潜溪寺洞窟是具有代表性的丰腴典雅的西方三圣像一铺（图32），无疑也是王公贵族捐资开凿。唐咸亨四年（673）完工的惠简洞则造弥勒佛与诸弟子、菩萨、天王、力士一铺，是长安法海寺惠简法师为唐高宗、武则天等祈福所修功德窟（图33）。

初唐高宗、武则天和盛唐玄宗统治年间是佛教造像艺术发展的两个高峰，大卢舍那佛龛又是其中规模最大、艺术成就最高的开放式窟龛。显庆二年（664），唐高宗来到洛阳，十月即下诏改"洛阳宫为东都，洛州官吏员品并如雍州"，高宗曾先后九次往返长安与洛阳。唐太宗李世民开凿了关中彬县大佛寺大佛洞造像[49]，唐高宗开凿龙门大卢舍那佛龛也是这种宗教政治的延续（图34、图35）。高宗调露元年（679）又于龙门大卢舍那佛南置大奉先寺，"奉先"即奉祀祖先，该寺是唐高宗为父亲唐太宗追福所立。奉先寺作为皇家敕建寺院，承担了维护和供养大卢舍那佛龛的重任。据开元年间补刻的《河洛上都龙门山之阳大卢舍那像龛记》文曰：

> 大唐高宗天皇大帝之所建也。佛身通光座高八十五尺；二菩萨七十尺，迦叶、阿难、金刚、神王各高五十尺。粤以咸亨三年壬申之岁，四月一日，皇后武氏助脂粉钱二万贯。奉敕检校僧西京实际寺善道禅师、法海寺主惠睐法师、大使司农寺卿韦机、副使东面监上柱国樊元则、支料匠李君瓒、成仁威、姚师积等。至上元二年乙亥十二月卅日毕功。调露元年己卯八月十五日奉敕于大像南置大奉先寺，简召高僧行解兼备者二七人，阙即续填，创基住持，范法英律，而为上首。至二年正月十五日，大帝书额，前后别度僧一十六人。并戒行精勤，住持为务。恐年代绵邈，芳纪莫传，勒之颂铭，庶贻永劫云尔。

> 佛非有上，法界为身。垂形化物，俯迹同人。有感即现，无罪乃亲。愚迷永隔，唯凭信因。实赖我皇，图兹丽质。相好希有，鸿颜无匹。大慈大悲，如月如日。瞻容垢尽，祈诚愿毕。正教东流，七百余载。佛龛功德，唯此为最。纵

图 38-1 大卢舍那佛龛左侧弟子与菩萨

图 38-2 大卢舍那佛龛左侧天王与力士

图 38-3 大卢舍那佛龛右侧弟子与菩萨

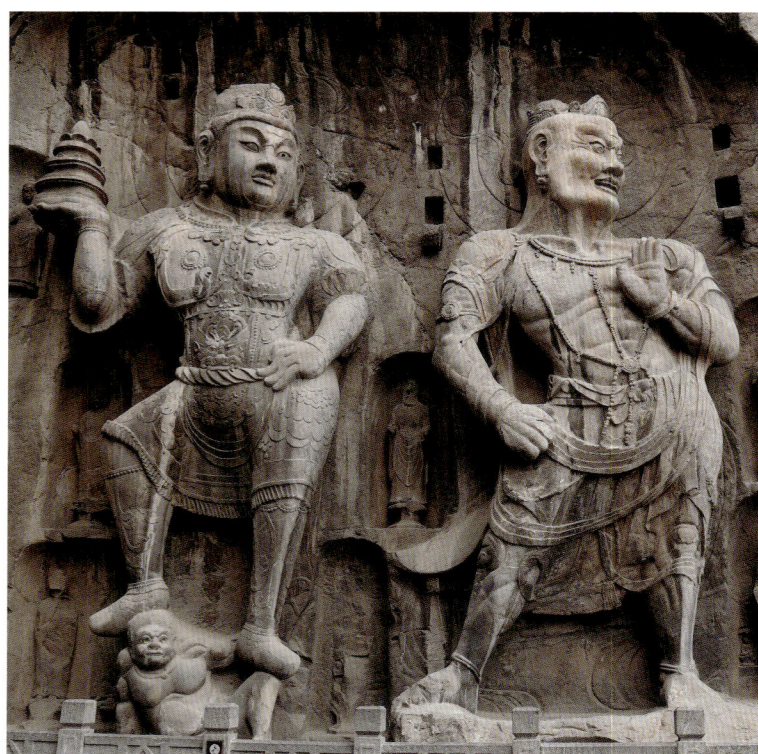
图 38-4 大卢舍那佛龛右侧天王与力士

广兮十有二丈矣，上下兮百卌尺耳。[50]

大卢舍那佛龛一铺九尊包括一佛二弟子二菩萨二天王与二力士，这是由当时长安净土宗领袖善导大师主持设计营造的大型国家工程，整铺造像规模庞大，气势恢宏，主尊大卢舍那佛面相丰满，圆如满月，方额广颐，"莲目果唇"，极尽庄严典雅与肃穆，弟子恭敬娴雅，菩萨雍容华贵，天王降伏威严，力士怒目夸张，整铺佛像代表了唐代最大的石窟造像规模和最高的雕刻艺术成就，其中佛、弟子、菩萨、天王、力士形象的尊卑位置也具有强烈的政治象征和秩序寓意。据铭文"佛非有上，法界为身"可知，主尊大卢舍那佛象征"法身佛"，这是《华严经》中"佛身充满诸法界，普现一切众生前"的思想体现，由此众生皆可从中获得护佑和福报，而这种佛像功德"实赖我皇，图兹丽质"，可见唐高宗想通过此举达到宣传其崇佛功德，以佛法日月普施的大慈大悲象征皇恩浩荡，因此佛像融入"御容"也是理所当然，这也是中古时期国家宗教思想的典范代表之巨作，诚如龛记文所说："正教东流，七百余载，佛龛功德，唯此为最"，唐人之恢宏气度与大手笔于此体现得淋

漓尽致（图36、图38）[51]。有趣的是，日本圣武天皇（701—756）也效仿武则天崇佛之举，发愿在奈良建立东大寺，并参照龙门石窟大卢舍那佛塑造了最高大的铜佛像，这尊铜像几经磨难和修复，至今所存为参照当时面貌的重修像（图37）[52]。

武则天与洛阳有着深厚的政治与宗教渊源，佛教也一直是其掌权过程中的重要政治工具。自随高宗往返洛阳起，武则天寓居洛阳前后近50年。唐高宗显庆五年（660），僧人智琮、弘静等人奉旨照例迎奉法门寺佛真身舍利到洛阳宫中供奉，皇后武则天"舍所寝衣帐直一千匹，为舍利造金棺银椁，数有九重，雕镂穷奇"[53]。自麟德元年（664）后，武则天开启了"垂帘听政"的政治生涯，上元元年（674）后更是与高宗并称"二圣"。唐高宗敕令营造龙门大卢舍那佛龛时，武皇后曾"助脂粉钱二万贯"，象征了大佛龛由皇帝、皇后"二圣"共同捐资营造。唐睿宗载初元年（689），武则天指使薛怀义与法明等撰《大云经神皇授记义疏》，借此阐发佛经中净光天女"即以女身，当王国土，得转轮王，所统领处四分之一"的预言：

陈符命，言则天是弥勒下生，作阎浮提主，唐氏合微，故

则天革命称周……其伪《大云经》颁于天下，寺各藏一本，令升高座讲说。[54]

显然这是为武则天女主天下与"君权神授"的符瑞造势。武则天称帝后改元天授（690），定都洛阳，制令天下诸州各立大云寺一所。长寿二年（693）秋，又加封号"金轮圣神皇帝"，"太后御卫象神宫，受尊号，赦天下，作金轮等七宝，每朝会，陈之殿庭"[55]。

武周时期来华传教的天竺僧人菩提流志又于长寿二年（693）重译《宝雨经》，新增佛为东方月光天子授记内容，预言月光天子将在赡部洲东北方（佛教经典中指中国）现女身获得阿鞞跋致（译曰不退转）菩萨和转轮王，这又进一步强化了武则天称帝作为转轮圣王的瑞应宣传，也是武周宗教政治的主流思想。[56]故武则天《大周新译〈大方广佛华严经〉序》文中自称："朕曩劫植因，叨承佛记，金仙降旨，《大云》之偈先彰；玉宸披祥，《宝雨》之文后及。加以积善余庆，俯集微躬，遂得地平天成，河清海晏，殊祯绝瑞。"当时宰相李峤《宣州大云寺碑》文中亦颇多宣扬：

> 慈氏越古金轮圣神皇帝体兼具相，心冥众善，超十方四谛之门，总三明六通之业。诸天翼戴，上升于兜率之宫；万寓慕思，下茬于阎浮之俗。哀末法之衰弊，怅夷途之榛梗。载纡金舆，由绀殿而起西方；迺眷瑶图，临紫宸而正南面……象藏秘篆，祯符早平《大云》；登迹乘时，灵应开于《宝雨》。受先佛之付嘱，荷遗黎之负担。颁其瑞纪，所以旌识善缘；树其阶梯，所以津梁法俗。[57]

满篇碑文旨在从佛教思想上肯定武则天作为弥勒下生的转轮圣王及其称帝的合法性，辞章华美又引经据典，无不彰显佛法与

政治的紧密联系。这种依托佛经宣扬则天革命顺应天命与"受先佛之付嘱"的"瑞纪"言论，正是武周时期常见的宗教思想宣传。此后又加封"越古金轮圣神皇帝""慈氏越古金轮圣神皇帝""天册金轮圣神皇帝"，转轮王七宝之一的"金轮"一直是武则天最看重的佛教法宝，乃至长安年间兴建长安光宅寺著名的七宝台，都充分体现了武则天自封"转轮圣王"的政治寄寓。[58]故唐陈集源《龙龛道场铭并序》文亦曰："属圣神皇帝御绀殿以抚十方，动金轮以光八表，宏护大乘，绍隆缶教。"[59]

武则天大力支持洛阳地区建寺铸像、译经讲法与开龛造像，兴建气势宏伟的明堂、天堂，设置佛像供养。武则天时期，龙门石窟佛教发展进入继高宗之后的又一个鼎盛期。武则天曾亲率文武百官于春色正好时游幸龙门石窟，声势浩大，举行盛大的巡游仪式。唐刘𧫐《隋唐嘉话》载："武后游龙门，命群官赋诗，先成者赏锦袍。左史东方虬既拜赐，坐未安，宋之问诗复成，文理兼美，左右莫不称善，乃就夺锦袍衣之。"[60]此次深圳博物馆展览主标题"星龛奕奕翠微边"，即出自宋之问描写武则天巡游龙门的《龙门应制》诗中。其诗中描写了武则天与文武百僚巡游龙门石窟的盛况：

> 宿雨霁氛埃，流云度城阙。河堤柳新翠，苑树花初发。洛阳花柳此时浓，山水楼台映几重。群公拂拂朝翔凤，天子乘春幸凿龙。凿龙近出王城外，羽从琳琅拥轩盖。云罕才临御水桥，天衣已入香山会。山壁崢岩断复连，清流澄澈俯伊川。雁塔遥遥绿波上，星龛奕奕翠微边。层峦旧长千寻木，远壑初飞百丈泉。彩仗蜿蜒绕香阁，下辇登高望河洛。东城宫阙拟昭回，南陌沟塍殊绮错。林下天香七宝台，山中春酒万年杯。微风一起祥花落，仙乐初鸣瑞鸟来。

图39 武周时期 西山摩崖三佛

图40 东山擂鼓台三洞及窟前遗址发掘

图41-1 唐 东山擂鼓台中洞弥勒佛与二胁侍菩萨像

图41-2 唐 东山石窟 倚坐弥勒像

17

图 42-1 唐 高力士等造阿弥陀佛像龛 大卢舍那佛龛左侧

图 42-2 唐 高力士等造阿弥陀佛像龛《大唐内侍省功德碑》

鸟来花落纷无已，称觞献寿烟霞里。歌舞淹留景欲斜，石关犹驻五云车。鸟旗翼翼留芳草，龙骑骎骎映晚花。千乘万骑銮舆出，水静山空严警跸。郊外喧喧引看人，倾都南望属车尘。器声引飐闻黄道，佳气周回入紫宸。先王定鼎山河固，宝命乘周万物新。吾皇不事瑶池乐，时雨来观农扈春。

诗中从"天子乘春幸凿龙""羽从琳琅拥轩盖"的出城，到"彩仗蜿旌绕香阁，下辇登高望河洛"，再到"千乘万骑銮舆出""倾都南望属车尘"的归城，辞藻华丽，极尽铺陈，令人浮想联翩，从这些描写中可见当时武则天游幸龙门的声势浩大，引得洛阳百姓纷纷前来观望，也是龙门石窟历来皇帝游幸最盛大最隆重的高光时刻[61]。

武则天时期，龙门石窟最引人瞩目的是西山倚坐弥勒三佛像龛、东山擂鼓台三洞以及万佛沟看经寺、高平郡王龛等诸多大型石窟，部分窟龛受唐隆政变后的政局变动而未完工（图39、图40、图41）。从整体布局上看，龙门东山是武则天时期核心经营所在。东山擂鼓台与万佛沟区域大型窟龛基本都是武则天时期开凿，尤其擂鼓台北洞宝冠佛与密教多臂观音像颇为学界所关注（详见本文密教部分）。看经寺窟则是仅次于西山大卢舍那佛像龛的大型洞窟，或因李唐王室复兴而未完工，但从其中央置大型方台座以及壁龛下方禅宗二十九祖等身像之规模、造诣，仍可见其恢宏气势。

倚坐（双脚垂坐，又称"善跏趺坐"）佛像源于公元2—3世纪古印度的造像艺术，象征王者之姿，倚坐佛像以优填王像和弥勒佛像为主。随着弥勒信仰的传播，大约自北齐开始，倚坐逐渐成为弥勒下生成佛说法和迎接世人往生兜率净土的基本姿势。唐高宗和武则天时期，除带有典型印度萨拉纳特湿衣派艺术风格的优填王像外，倚坐是弥勒佛像与其他佛像的最明显区别之一。武则天曾一度时期大力宣扬弥勒符瑞思想，曾自称"慈氏越古金轮圣神皇帝"，虽然时间很短，但其标榜弥勒下生救世的瑞应宣传仍普遍流行，于是倚坐弥勒佛像成为则天的某种象征而盛行天下[62]。罗世平认为武则天营建的洛阳天堂大佛像也应是弥勒佛像[63]。据《莫高窟记》显示，敦煌石窟第96窟的倚坐弥勒大佛

即北大像造于延载二年（695），也是敦煌现存最高大的佛像。武则天时期龙门石窟弥勒造像无论是数量还是规模都超越前代，造像多以《弥勒下生经》为依托，表达弥勒下生降临救世的思想。[64]

长安四年（704），武则天又命凤阁侍郎崔玄暐和法藏等到扶风法门寺迎奉佛骨至洛阳宫中供养。中宗复辟后，龙门石窟中一些武周时期营造的石窟工程戛然而止，由于宫廷政局的频繁变动，迄玄宗前期，龙门窟龛的营造骤减。唐中宗曾于神龙元年（705）十月幸龙门香山寺[65]。唐玄宗也经常往复东西两京，开元天宝年间，最受关注的便是高力士、杨思勖等宦官群体共计106人于大卢舍那佛龛旁开凿的无量寿佛龛，据所刻《大唐内侍省功德碑》文可知此即"奉为大唐开元神武皇帝……敬造西方无量寿佛一铺一十九事"（图42）。中日学界关于此铺无量寿佛像意见分歧颇多，近来有学者据碑文与史籍相关文献对比研究后甚至认为"分布于1280龛间的一组西方无量寿佛等身像龛共计19个，代表了玄宗登基前的19起'符瑞'事件"[66]。这一推论很难为大多数学者信服。这龛无量寿佛像恐怕也是盛唐王公贵族在龙门石窟开龛造像的最重要记录，也可以说是龙门在中古时期"最后的荣光"。

除了高宗、武则天以及诸多皇室贵族、后妃公主等在龙门石窟开凿规模庞大的像龛，初盛唐时期公卿百僚也纷纷在此开龛造像，名臣文士造像碑记遍布龙门。如《伊阙佛龛之碑》的作者岑文本、薛国公阿史那忠、出使印度的王玄策、大将军薛仁贵、宰相姚崇等，见诸史籍的著名人物数量众多，兹难赘述[67]。中唐白居易还捐资修缮香山寺及"次东佛龛大屋十一间……于是龛像无燥湿□多泐之危，寺僧有经行宴坐之安，游者得息肩，观者得寓目"，很好地保护了香山寺区域佛龛[68]。

经过7世纪至8世纪初的大规模造像运动与佛教僧俗界的努力，龙门周边形成了一批具有重要影响的著名寺院，包括香山寺、奉先寺、广化寺、敬善寺、菩提寺、天竺寺、乾元寺、宝应寺、胜善寺、龙华寺十大寺院，好些都是皇家敕立寺院和游览胜地，白居易谓"龙门十寺，观游之胜，香山首焉"，而一些寺院也承担了管理石窟造像的任务，如西山敬善寺窟、奉先

寺大卢舍那佛龛等⑥。同时，这些寺院内也置有大量造像供养，从奉先寺遗址考古发掘中可略窥一斑，其出土造像与龙门石窟造像风格一致⑦。当然，现代学者考证龙门并不止十寺，大概见诸史载的还有潜溪寺、皇龛寺、护法寺、看经寺等。中晚唐时期，由于安史之乱带来的破坏，洛阳备受战争摧残，再加上此后的宦官专政与藩镇割据的困扰，唐王朝由此一蹶不振，龙门石窟再也没有迎来皇室贵族更具影响力的开龛造像。虽然此后仍有零星窟龛的开凿与造像的雕刻，但作为魏唐皇室曾经的佛教圣地，龙门石窟也逐渐被淡忘了。

（二）东来传法僧、西行求法僧与初唐佛教艺术

南北朝隋唐时期，中西文明交流频繁，东来传法僧与西行求法僧是推动佛教经像在中国传播的中坚力量之一。北魏迁都洛阳，大量外来僧人也聚集于此翻译佛经。"自魏有天下，至于禅让，佛经流通，大集中国，凡有四百一十五部，合一千九百一十九卷。"⑦ 东魏北齐、西魏北周时期，西来传法僧也都积极推动佛教经典的翻译与艺术的演变。与此同时，南方宋、齐、梁、陈各朝诸多从南海水路抵达中国的传法僧如真谛等也翻译了大量的佛经。隋唐以来，大一统的国家促成了佛教与中西交流的全面兴盛。梁思成先生指出：

> 盛唐之世（公元七世纪）与西域关系尤密，凡亚洲西部，印度、波斯乃至拜占庭帝国，皆与往还。通商大道，海陆并进；学子西游，络绎不绝。中西交通，大为发达。期间或为武功之伸张，或为信使之往还，或为学子之玄愿，或为商人之谋利，其影响于中国文化者至重。即以雕塑而论，其变迁已极显著矣。然细溯其究竟，则美术之动机，仍在宗教（佛教）与丧葬（墓表）支配之下。⑦

唐代是求法译经的一个高峰期，玄奘是初唐最著名的西行求法僧，又称三藏（经、律、论）法师，中国四大译经家之一，法相宗创始人。玄奘于唐太宗贞观三年（629）从长安出发经西域前往西天取经，求学于古印度那烂陀寺，又巡礼佛陀圣迹，先后长达十七年，历程五万余里，携带大批经像回到唐朝。玄奘从印度带回雕刻造像范本七躯（金佛像三躯、刻檀佛像三躯、银佛像一躯）、经书六百五十七部等：

> 摩揭陀国前正觉山龙窟留影金佛像一躯，通光座高三尺三寸；拟婆罗痆斯国鹿野苑初转法轮像刻檀佛像一躯，通光座高三尺五寸；拟憍赏弥国出爱王思慕如来刻檀写真像，刻檀佛像一躯，通光座高二尺九寸；拟劫比他国如来自天宫下降宝阶像银佛像一躯，通光座高四尺；拟摩揭陀国鹫峰山说《法花》等经像金佛像一躯，通光座高三尺五寸；拟那揭罗曷国伏毒龙所留影像刻檀佛像一躯，通光座高尺有三寸；拟吠舍厘国巡城行化刻檀像等。⑦

唐太宗贞观二十二年（648）十二月，在皇室贵族的支持下，玄奘将这批造像从长安弘福寺至大慈恩寺沿路进行盛大的展示，又于高宗永徽三年（652）三月将这些经像安置在慈恩寺塔。该塔为玄奘亲自督造，仿西域制度。玄奘在任慈恩寺上座后还在寺内造夹纻宝装像二百余躯，流行于初唐长安的大唐善业泥像也可

能与玄奘关系密切。此外，中国罗汉造像艺术也渊源自玄奘的经像传播⑦。玄奘曾还在西明寺主持造塔像，据苏颋《唐长安西明寺塔碑》文曰：

> 于是召以正，工以考，安瑞表，湛真容，绣色电烻，金光火合。移忉利之宫，镇菩提之座，状微笑而莞尔，意屡言于善哉者，不可胜计。⑦

这种"状微笑而莞尔，意屡言于善哉"的佛像也许是玄奘与初唐造像所追求的艺术目标。玄奘西行归来所携经像成为唐代佛教思想与艺术发展的重要渊源和推动因素，尤其是初唐长安、洛阳两京皇室贵族造像的范本之一⑦。

玄奘在初唐时期的求法成就与政治礼遇鼓舞了僧界的诸多学者，西行求法也成为初盛唐时期的重要佛教浪潮，"其后西行者数十辈，而义净亦因少慕其风而卒往天竺者也（详见义净《西域求法高僧传》）"⑦。与此同时，西方佛教传法僧人也纷纷来到唐朝，带来了大量新的经典和图像。武则天执政时期，著名僧人如中国本土的义净、神秀，外国僧实叉难陀、菩提流志、宝思惟等都受到礼遇，洛阳佛教政治与文化艺术影响力都位居全国首位。义净是继玄奘之后成就最高的著名求法僧和翻译家，武则天证圣元年（695）求法归来，"将梵本经律论近四百部，合五十万颂，金刚座真容像一铺，舍利三百粒"⑦。武则天亲自奉迎于洛阳东门外，经像敕于洛阳佛授记寺安置。又如僧义泓曾奉敕参加义净主持的洛阳大福先寺译场，名播二京，也曾"至乾陀罗国，迎得三藏邬帝弟婆，将真容画像廿铺、舍利千余粒、三藏梵本二部"，至京闻奏⑦。初盛唐时期外国传法僧纷纷在长安、洛阳传播经像，中外僧侣或在龙门兴建寺院传法，或身后葬在龙门佛寺区域，如宝思惟在龙门石窟创建了天竺寺并开窟造像，善无畏归葬龙门西山、金刚智葬于奉先寺西岗。

当时东都洛阳敬爱寺还有王玄策从印度携归的菩提树下弥勒菩萨塑像。据载："王玄策取到西域所图菩萨像为样，巧儿、张寿、宋朝塑，王玄策指挥，李安贴金。"⑧ 麟德二年（665），王玄策曾在龙门石窟宾阳南洞造弥勒像一铺⑧。此时洛阳的许多寺院还有外来色彩浓厚的壁画，如来自于阗的尉迟乙僧的花鸟人物画具有浓厚的异域色彩，朱景玄《唐朝名画录》在"尉迟乙僧"名下谓"凡画功德人物花鸟，皆是外国之物像，非中华之威仪"，其在洛阳大云寺两壁绘制了鬼神、菩萨六躯、净土经变等⑧。

东西方的文化交流与融合促进了文明互鉴，中国佛教艺术是多元文明共同努力的成果。佛教经典与思想源源不断地传入大唐，经过诸多绘画与雕塑艺术家的精心吸收与改造，佛教造像从发髻、袈裟纹饰、装饰与肌肉的变化，再到写实主义、形象动感的表现手法，以诸多形式体现了外来文化的某些影响，显示了由早期希腊、罗马到波斯、印度再到中国之间的文化传播和交流。但更重要的是，中国精神与艺术创造力又给佛教文化艺术以丰富的内涵和审美，由此影响了东亚文明的发展，这也是唐代艺术具有雍容华美、兼容并包与开放自信特征的体现。

（三）神咒龛像——龙门石窟与初盛唐密教信仰

密教是佛教信仰中一种特殊的修行路径，以"三密"即手

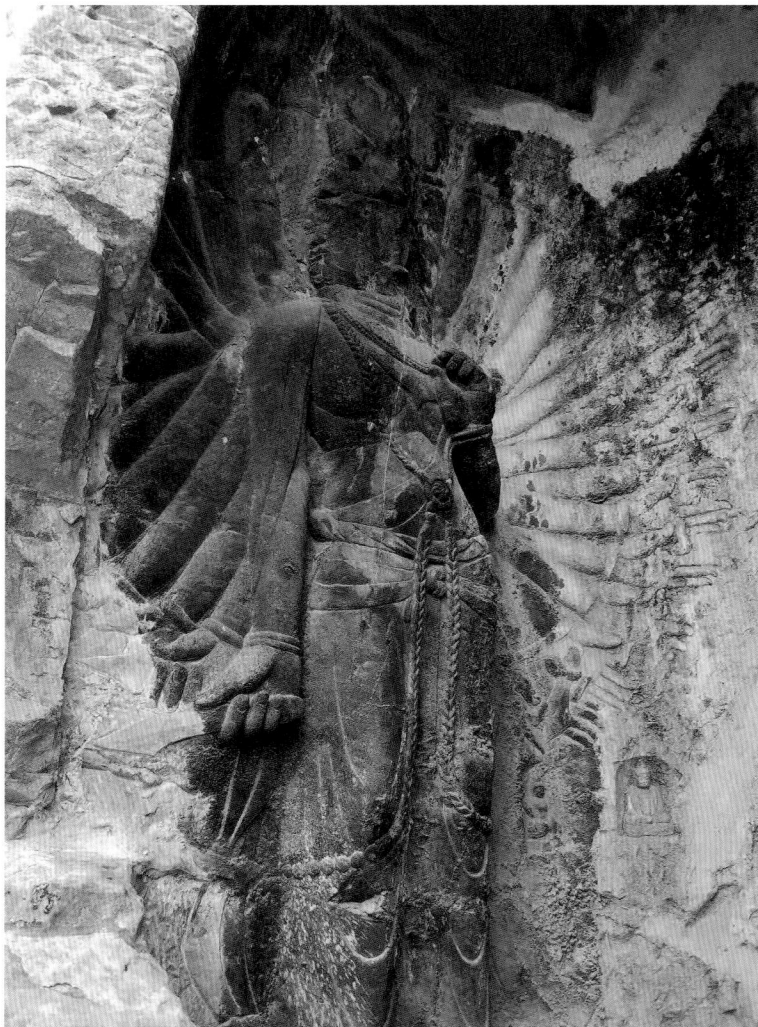

图 43　唐　龙门石窟西山　十一面多臂观音菩萨像

图 44　唐　龙门石窟东山万佛沟　千手千眼观音菩萨像

结契印、口诵真言、身作观想为重要特征，其图像吸收了古印度婆罗门教的诸多神祇。汉末魏晋南北朝时期，早期密教思想已在中国传译。初盛唐时期，随着古印度密教的崛起与传播，密教在唐朝逐渐兴起并成为一股重要的佛教思潮，几乎中外译经僧包括玄奘、义净、菩提流志、宝思惟等都有翻译密教典籍。及至盛唐开元年间，以善无畏、金刚智和不空为首的外来僧人带来了系统的密教经典和图像，尤其是不空在盛中唐时期的传教，形成了中国佛教的重要宗派——密宗，同时唐代密教又深刻地影响了日本佛教的发展[83]。甚至可以毫不夸张地说，初盛唐至中唐时期，影响中国佛教发展最广的新思潮莫过于密教思想与艺术的兴起，这也是古印度佛教影响中国的最后一次浪潮[84]。

密教造像是龙门石窟唐代造像历史与艺术研究中一个颇受关注的问题，中国学者如宿白、阎文儒、官大中、丁明夷、温玉成、李文生、李玉昆、李崇峰、常青等都有相关研究[85]。洛阳与早期密教发展有着密切的联系，高宗与武则天时期诸多西来传法的僧人在洛阳翻译了大量密教经典并传播其图像，这为盛中唐时期密教的广泛传播奠定了基础。龙门的密教造像绝大部分也为武则天执政时期的作品。龙门东山万佛沟千手观音造像、擂鼓台北洞宝冠佛以及龙门西山部分初唐窟龛皆为典型的密教风格造像龛。

千手观音经典的最早翻译是由初唐长安总持寺智通主持，智通律行精明，经论该博，往洛京翻经馆，善学梵语，"行瑜伽密教，大有感通"[86]，与天竺僧翻译千手千眼观音陀罗尼咒等经密教典，最早宣说"速成佛道"。日本学者大村西崖曾指出："秘密教之所以为秘密教，实在兹存焉。"[87] 据学者研究，龙门石窟东山万佛沟存有一堵大悲造像，即现今最早的千手千眼观音

造像，年代约初盛唐时期。武则天时，佛授记寺乌仗那国达摩战陀在洛京传播千手观音密法。据波崙所作《〈千眼千臂观世音菩萨陀罗尼神咒经〉序》云："善明悉陀罗尼咒句，常每奉制翻译，于妙毡上画一千臂菩萨像并本经咒进上，神皇令宫女绣成，或使匠人画出，流布天下，不坠灵姿。"[88] 另据记载，武后长安年间（701—704）重建大慈恩寺时，于阗画家尉迟乙僧曾绘千手千眼观音。唐朱景玄《唐朝名画录》载："乙僧，今慈恩寺塔前功德，又凹凸花面中间千手千眼大悲，精妙之状，不可名焉。"龙门石窟十一面多臂与千手观音造像是目前内地石窟所见最早密教变化观音造像（图 43、图 44）。

一些外来僧人在龙门附近寺院传法，诸多著名的都城僧人都将僧塔修建在龙门。中印度传法僧地婆诃罗（唐言日照）于高宗仪凤年初来传法译经，洞明八藏，博晓五明，咒术尤工，受武则天礼遇，开设道场译经，包括《大乘密严经》《佛说造塔功德经》《佛说七俱胝佛母心大准提陀罗尼经》等显密经典。[89] 地婆诃罗圆寂后，武后敕葬于洛阳龙门东山，武三思奏请设立香山寺，"危楼切汉，飞阁凌云，石像七龛，浮图八角，架亲游幸，具题诗赞云尔"[90]。又南印度传法僧菩提流志受天后邀请来华传教，长寿二年（693）抵达洛阳，于佛授记寺译经传法，也翻译了《五佛顶三昧陀罗尼经》等诸多密教经典，尤其是新译《宝雨经》在序分末添入佛授记东方月光天子在瞻部洲东北方（方位即唐帝国）现女身为国王的预言。初唐东来密教僧宝思惟曾在西明寺译经，译有《金光明》《楞伽》《文殊师利咒藏》《广博严净》《陀罗尼》《浴像功德》《大宝积》等经七部，后钟情洛阳，往龙门香山山北造浮图精舍，景云年间敕名天竺寺[91]。于是开龛造像，所谓"攒栌叠栱兮飞在空，错石雕瑶兮生梵宫"，据初唐苏颋《河南龙门天竺寺碑》文曰：

图 45 唐 宝冠佛坐像 像高 239 厘米 底座高 87 厘米 龙门石窟研究院藏

图 46 唐 宝冠佛坐像 像高 175 厘米 座高 68 厘米 龙门石窟研究院藏

图 47 唐 宝冠佛坐像 像高 189 厘米 座高 88 厘米 龙门石窟研究院藏

图 48 唐 龙门石窟东山擂鼓台北洞宝冠佛像

图 49 唐 石雕宝冠佛像 洛阳城遗址出土 中国社会科学院考古所洛阳工作站藏

图 50-1 S.450 于阗瑞像 （N M99-17-98；Ch××ii. 0023）印度新德里国家博物馆藏

法师即于山之东偏，建丈六石龛，匪泥而攻，载斫而琢，四众围绕，万人唱和，疑陇埏之朝睐，状罗浮之暗徙。则圆焰石乳，凝阴水精，香封韫玉，花洒交璎，谅殊特也。若乃立三会，开八关，撞鸿钟，伐灵鼓，引清梵，称神咒，向之双泉，氤氲五色，云止烟绝，星流火变，巫福应而神滋焉。[92]

时任监察御史的李峤助成了宝思惟开龛造寺的功德。宝思惟在香山之东偏"建丈六石龛……万人唱和"，又立龙华三会，开八关斋，"引清梵，称神咒"，是最早有明确记载在龙门石窟开龛造像的密教大师，影响甚广。

盛唐以来，玄宗开元至代宗大历年间，以善无畏、金刚智与不空为代表的"开元三大士"陆续来华传教，并带来了系统的印度密教经典与图像，形成了中国佛教八大宗派之一的密宗。善无畏和金刚智都先后随玄宗往复两京，最后都驻锡洛阳寺院，圆寂后又在洛阳龙门附近有塔供养。善无畏开元十二年（724）随驾洛京，诏于圣善寺安置，翻译佛经，后葬于龙门西山。肃宗乾元元年（758），收复长安和洛阳的大将军郭子仪奏于善无畏塔院立广化寺。洛阳圣善寺是密教传播的一个重要基地，日本入唐求法僧也多往礼拜，密教经典《顶轮王大曼荼罗灌顶仪轨》

即由唐"东都圣善寺沙门吉祥集"[93]。金刚智开元八年（720）来到洛阳，集贤院学士弟子吕向《金刚智行记》谓"僧徒请法，王公问道，从是随驾，往复两都"[94]。据赞宁称："两京禀学济度殊多，在家出家传之相继。"[95]如受宠一时的武惠妃尤其崇信金刚智，僧界著名如北宗禅领袖义福、僧一行都接受了金刚智的灌顶，执弟子之礼[96]。"善西域佛像，运笔持重，非常画可拟。东京广福寺木塔下素像，皆三藏起样。"[97]金刚智后至洛阳广福寺，天宝二年圆寂后于龙门奉先寺西岗起塔供养，《大唐东京大广福寺故金刚三藏塔铭并序》谓其塔："凭峦据川，皆能面伊。审高卑以合制，筹广狭以中规。"[98]善无畏、金刚智的诸多传说在中晚唐传奇小说里还有十分丰富的描写[99]。

龙门石窟宝冠佛或菩萨装宝冠佛是初盛唐佛教重要类型之一，也是海内外石窟艺术研究学者普遍关注的龙门造像之一。此次展览中体量最大的一件佛造像头戴宝冠，身着外来风浓郁的袒右袈裟，身饰项圈，宝珠臂钏，左掌向上，右手施触地降魔印（图45）。龙门石窟研究院另藏有龙门附近寺院征集的相似大型圆雕宝冠佛造像两件（图46、图47），这些都与武则天时期开凿的龙门石窟擂鼓台北洞主尊宝冠佛像以及隋唐洛阳城

图 50-2 S.450 于阗瑞像图局部（N M99-17-98；Ch××ii. 0023）印度新德里国家博物馆藏

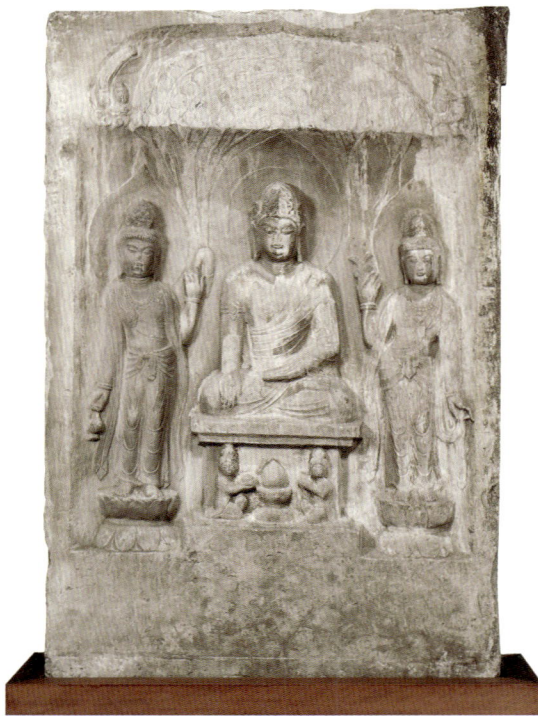

图 51 唐 如来三尊像 日本奈良国立博物馆藏

图 52 唐 菩提瑞像龛 四川广元石窟第 33 窟

遗址出土的宝冠佛像十分相近（图 48、图 49）。西域佛国于阗王国曾流行佛的诸多瑞像，斯坦因带走的敦煌藏经洞所出于阗瑞像佛图像中，宝冠璎珞装饰便是重要的类型之一，这种图像也很可能影响了中原地区的菩提瑞像，现存印度新德里国家博物馆的于阗瑞像图很有代表性（图 50）。此外，2008 年龙门石窟东山擂鼓台区窟前建筑遗址出土三尊菩萨装宝冠造像和 2000 年龙门石窟东山擂鼓台遗址出土宝冠坐像一尊，这些宝冠呈尖拱形，很可能渊源自中亚或印度所见尖拱形宝冠，密教菩萨宝冠中多见此类，笔者以为这些都是龙门石窟显密艺术融合的象征和代表。

早年中国学界多以此为密教主尊大日如来佛，近年来大多修正了以往的主张，更多认为是源自印度菩提伽耶的菩提瑞像，也有认为是大日如来早期形象或是具有密教性质的佛顶像。迄今为止，学界所据资料大多源自以下几处：

其一，玄奘《大唐西域记》中"摩揭陀国"条载菩提伽耶金刚座像乃弥勒菩萨所造，并称"填厕众宝，珠璎宝冠，奇珍交饰"[100]，又玄奘圆寂前"于嘉寿殿以香木树菩提像骨"[101]。其二，唐太宗时期王玄策奉命至"身毒国"即印度中天竺国，并巡礼佛教圣地摩伽陀国摩诃菩提寺立碑纪功德，图画圣像，即《身毒国摩诃菩提碑》："其寺所菩提树下金刚之座，贤劫千佛，并于中成道。观严饰相好，具若真容，灵塔净地，巧穷天外，此乃旷代所未见，史籍所未详……金刚之座，千佛代居。尊容相好，弥勒规模。灵塔壮丽，道树扶疏。历劫不朽，神力焉如。"[102] 于是随行匠人"宋法智等巧穷圣容，图写圣颜，来到京都，道俗竞摸（摹）"。其三，武则天证圣元年（695）求法归来的僧义净带回了大量经像："将梵本经律论近四百部，合五十万颂，金刚座真容像一铺，舍利三百粒。"武则天亲自奉迎于洛阳东门外，"经像敕于佛授记寺安置"[103]。此外，初唐从海上往印度求法的僧人灵运也带回了"菩提树像"："所在至处，君王礼敬。遂于那烂陀画慈氏真容菩提树像，一同尺量，妙简工人，赍以归国，广兴佛事，翻译圣教，实有堪能矣。"[104] 再者，保存至今的长安光宅寺七宝台龛像也流行宝冠臂钏的装饰佛像，皆

为一佛二菩萨组合龛（图 51）[105]。还有，四川初盛唐石窟造像中常见宝冠佛龛题记为"菩提瑞像"，多数与二子弟二胁侍菩萨二天王力士以及天龙八部图像同龛（图 52）。笔者认为研究中必须注意宝冠佛所在的地域和供养环境，龙门区域宝冠佛与长安、四川两地宝冠佛特征与规模皆有差别，龙门宝冠佛不仅是大型圆雕造像或接近圆雕的龛壁雕像，且体量高大。

密教变化观音是龙门石窟初盛唐时期相对多见的题材之一。东山第一窟东侧龛，一佛二八臂菩萨像[106]。龙门东山万佛沟北侧上方有中唐贞元七年（791）户部侍郎卢征《救苦观音菩萨石像铭并序》，据此可知该造像为密教如意轮观音，其文曰：

夜宿龙门香山寺灵龛，天眼亿万，相对稽首，悲嘿如暂降临。因发诚愿：归旋之日，于此寺造等身像一躯……复以小子童卯已来，常元持大悲菩萨如意轮陀罗尼，即我本师，愿敦永劫。今所镌刻，常为依怙，其庄严相好，花蔓璎珞，悉凭经教，岂无感通。[107]

从题记看，该如意轮观音菩萨是卢征与其侄师婴、师牧、师稷、师益等共修功德所刻。如意轮观音图像则由卢氏家族洛阳圣善寺僧处常"图终创始"，菩萨"花蔓璎珞，悉凭经教"，说明造像严格依照密教经典仪轨而来。洛阳圣善寺是密教传播的一个重要基地，善无畏从驾洛阳时主要住此寺弘法，日本入唐求法僧圆珍也曾前往礼拜。

佛顶陀罗尼尊胜经幢是龙门石窟佛教艺术中与密教相关的重要题材，尤可注意的是，尊胜经幢也与龙门地区北宗禅关系密切。佛教经幢一般是指书写经文的八棱石刻，多雕刻密教陀罗尼经典，以唐初佛陀波利译本《佛顶尊胜陀罗尼经》为最多。由于密教的大力宣扬和推动，佛顶尊胜咒及其经幢崇拜是盛唐至中晚唐佛教最为流行、最具普遍意义的大众信仰形式，据其功能可分为寺幢、墓幢、水幢与路幢等多种，经中宣扬尊胜经咒"拯救幽冥、破除地狱"的功德最受信众推崇。唐代石幢也经历了由初期的简洁向中晚唐多层且雕饰繁复的演变过程，许多经幢也可反映一地之文学、书法、风俗及其信仰，蕴含了丰富的社会文化信息[108]。洛阳龙门区域出土尊胜陀罗尼经幢数量众多，相关学者已有

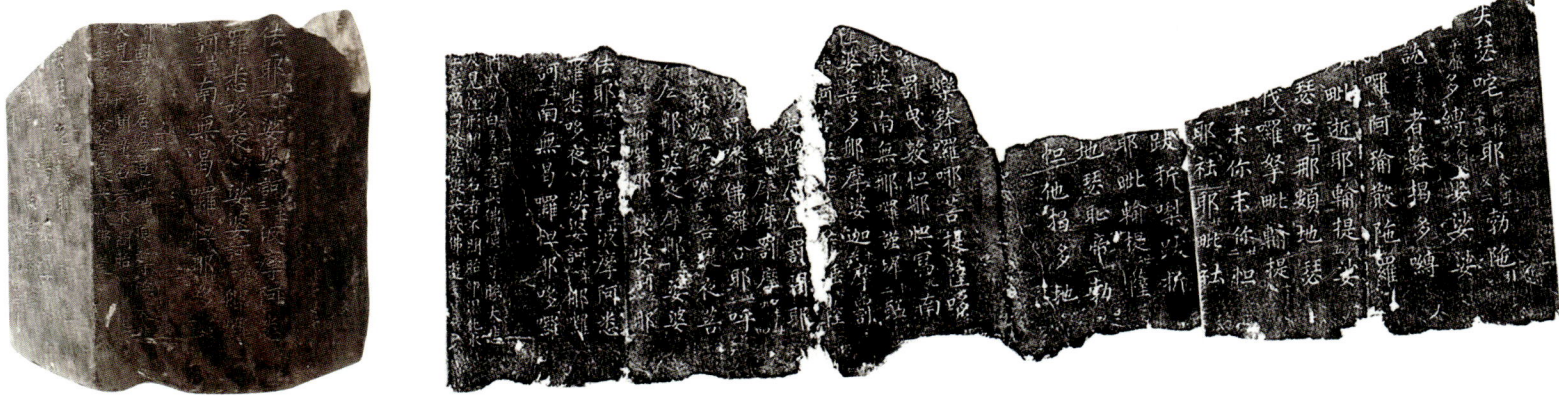

图53 唐 白居易造尊胜大悲陀罗尼经幢及拓片 洛阳白居易故居遗址出土 中国社会科学院考古研究所洛阳工作站藏 韩建华研究员提供

图54 罗马 公元1世纪前后 大理石雕像 美国大都会艺术博物馆藏

图55 公元2-3世纪 弥勒菩萨像 巴基斯坦白沙瓦博物馆藏

图56 唐 白石菩萨像 陕西西安大明宫遗址出土 西安碑林博物馆藏

图57 日本 8—9世纪 菩萨像 美国波士顿艺术博物馆藏

丰富研究成果，本图录所收载的三件均是反映唐代密教艺术传播的重要经幢。另一件著名经幢是洛阳白居易故居遗址出土的白居易供养尊胜、大悲陀罗尼经幢，反映了尊胜陀罗尼信仰对文人士大夫的影响（图53）。

（四）"妓女之貌"与"随情而造"——唐代造像艺术的世俗化

梁思成先生在总结中国古代雕塑艺术时将北魏佛教造像视为"幼稚期"，北齐为"过渡期"，而隋唐则为"成熟期"[109]。隋代佛教造像更多采用圆雕，佛、弟子、菩萨、天王、金刚力士单体圆雕造像组合取代了背屏式造像的整体或一体化表现。随着南北统一，儒家思想的有力渗透和融合，隋代佛像融合南北造像艺术，呈现瘦硬雅致、敦厚恬静等清新气质，更符合中国传统的美学思想和艺术观念。唐代佛教造像秉承了高度的写实主义精神，注重造像躯体轮廓及线条的表现。世俗化是唐代佛教造像的典型特征，因此唐代造像一改北朝肃穆的气氛，往往形象生动，表现强健有力的胸腹肌肉，整体雄浑大气，其风格上表现为宗教意义的神性气质减弱，而更多地加入了世俗人物性格和纯粹艺术精神。

唐朝的龙门石窟吸收了中外造像艺术的精华，思想表达也充满想象力，造像以丰满健壮为美，展现出大唐雍容华贵的审美与兼容并蓄的恢宏气势。唐代佛教造像中最具艺术美感也最令人印象深刻的当属各类菩萨图像。随着日常生活不断融入宗教观念中，菩萨造像在唐代表现出强烈的世俗性特征。菩萨装饰已不再似北朝隋那么华丽繁复，随身饰物相对简洁，一般多梳高髻，斜式帔帛及下裙雕刻流畅，体态丰腴圆润，富于曲线变化，大多呈S形，胸腹袒露，肌肉隆起，腰部纤细，婀娜多姿。这种写实主义的艺术形式从地中海希腊、罗马传播至古印度，再影响了中国，又通过中国影响到日本的造像艺术（图54、图55、图56、图57）。唐代菩萨造像在吸收外来艺术时既强调外在表现又注重内在气韵，充满自信与浪漫主义精神，显示出大唐帝国造像艺术雍容典雅的盛世气象，也充分展现了唐代佛教造像高度写实和形神具备的艺术魅力。

唐代佛教造像艺术的两大重要特征是"随情而造"和"女相男身"。唐初著名佛教学者道宣法师曾评论云：

> 造像梵相，宋齐间皆唇厚、鼻隆、目长、颐丰，挺然丈夫之相。自唐来，笔工皆端严柔弱，似妓女之貌，故今人夸宫娃如菩萨也。又云：今人随情而造，不追本实，得在信敬，失在法式，但论尺寸长短，不问耳目全具。[110]

此段评论唐初佛教造像写经的内容常为今之学者所引用，也是佛教美术史研究的核心材料之一。根据道宣的批评，唐代佛像笔工端严柔弱，"似妓女之貌，故今人夸宫娃如菩萨"，又"随情而造，不追本实，得在敬信，失在法式"，又多计较费用，酒肉馈赠，因此"尊像虽树，无复威灵"。此为当时对初盛唐佛教菩萨造像艺术最直接的批评，也可以看出唐代佛教艺术的"世俗化"的典型倾向，注重个人审美与情感需求，这正是唐人向往浪漫主义与写实主义的佛教艺术。

南朝梁张僧繇与北齐曹仲达是南北朝中后期佛教艺术转变

图58 盛唐 彩塑胁侍菩萨像
敦煌莫高窟第45窟

图59 唐 仕女俑
1988年西安东郊韩森寨唐墓出土
西安博物院藏

图60 唐 大势至菩萨像
2000年龙门石窟西山奉先寺遗址出土
龙门石窟研究院藏

的重要人物，也是南北朝佛教艺术向隋唐佛教艺术过渡的关键艺术家，"面短而艳"（张）与"曹衣出水"（曹）的南北造像风格都是唐代艺术的渊源之一，"画圣"吴道子与"塑圣"杨惠之都师法张僧繇，故时人赞"道子画，惠之塑，夺得僧繇神笔路"[111]。张彦远《历代名画记》中历数了魏晋南北朝隋唐以来的诸艺术名家，指出"刻画之家，列其模范"，值得标榜：

> 泪戴氏父子，皆善丹青，又崇释氏，范金赋采，动有楷模。至如安道潜思于帐内，仲若凭知其臂胛，何天机神巧也。其后北齐曹仲达、梁朝张僧繇、唐朝吴道玄、周昉，各有损益。圣贤肸蚃，有足动人。璎珞天衣，创意各异。至今刻画之家，列其模范，曰曹、曰张、曰吴、曰周，斯万古不易矣。[112]

可见，北朝隋唐以来，曹仲达、张僧繇、吴道子、周昉等名家也为雕铸工匠所追摹，画塑一体，这是中古时期佛教艺术的重要特征。又北宋郭若虚《图画见闻志》卷一"论曹吴体法"文云："曹、吴二体，学者所宗……吴之笔，其势圆转，而衣服飘举；曹之笔，其体稠叠，而衣服紧窄。故后辈称之曰：'吴带当风，曹衣出水。'"郭氏还强调"雕塑铸像，亦本曹吴"[113]。唐高宗开耀二年（682）李尚一《开业寺碑并序》中描写造像云：

> 垂珠缀玉，日月回薄于山窗；刻鬐图龙，风云吐纳于岩栋。优填灵匠，尽变态而无穷；阐崛真容，极尊严而有睟。青莲目湛，犹纵观于南浮；丹果唇开，似微言于西竺。诡状千名而兑出，殊名万计以争陈，触类长之，能事毕矣。[114]

所谓"尽变态而无穷"，佛眼"犹纵观于南浮"，佛唇"似微言于西竺"，可谓极尽造像技艺之能事。这类佛教造像的描述屡见于唐人造像记文与寺院碑志文献中。

初盛唐时期皇帝喜好以御容铸佛像于寺院供养，体现了作为佛教"转轮圣王"的统治权力。而菩萨形象则常以"宰官"

为参照，如苏颋（670—727）年轻时为政于京邑，有很好的政声。迁官后，当地百姓怀其功德，募匠为其造等身观世菩萨像，"龙门西龛等身像者，此都人士思贤令苏君之所造也"，所谓"模宰官之形仪，现轮王之相好"，其造像记文曰：

> 乃购奇匠，俶灵峰，追琢镜光，馋凿电烻。倚高壁，临悬关，蹈石菌，戴珉鬘，缥缈云耸，婵娟玉立，模宰官之形仪，现轮王之相好。谛视瞻仰，将莞尔而微笑；摄心倾听，疑偻然而有声。其左右则福地园林，香城基址，前佛后佛，大身小身，亘岑岭而相望，遍虚空而无数，此身不动，观大地之众生；彼佛何来？见河沙之世界。[115]

这篇记文出自盛唐名臣张说之笔，其玄宗时任中书令，封燕国公，诗歌文辞兼善，而苏颋则雍容文雅，通才博艺，袭封许国公，齐名当时，并称"燕许大手笔"，此文堪称龙门造像碑文之模范。据《大唐卫州新乡县临清驿造弥勒像碑》文云：

> 喜夫我皇唐国中，得总持总集。玉毫金彩，具真仪而毕归；华简花编，穷秘藏而咸造。仍使梵宫妙智，变现宰官；帝室仙苗，化成藩牧。[116]

这种以"宰官"为"梵宫妙智"，"藩牧"为"帝室仙苗"的思想在大唐颇为盛行，也反映了造像艺术的现实主义取向。故长安光宅寺七宝台造像中大周长安三年（703）佚名《造弥勒像记》中称：

> 前扬州大都督府扬子县令兰陵萧元睿，学菩萨行，现宰官身……敬造弥勒像一铺并二菩萨……巍巍高妙，霞生七宝之台；荡荡光明，月满千轮之座。[117]

"学菩萨行，现宰官身"将这种宗教政治象征的造像意图直截了当地讲明。初唐长安楚国寺内安置有唐高祖第五子楚哀王的等身金刚铜像。晚唐段成式《酉阳杂俎》曾载长安城道政坊宝应寺韩干所作壁画，谓"释梵天女悉齐公妓小小等写真"[118]。齐公

图 61　盛唐　彩塑一铺七尊佛像　甘肃敦煌莫高窟第 45 窟

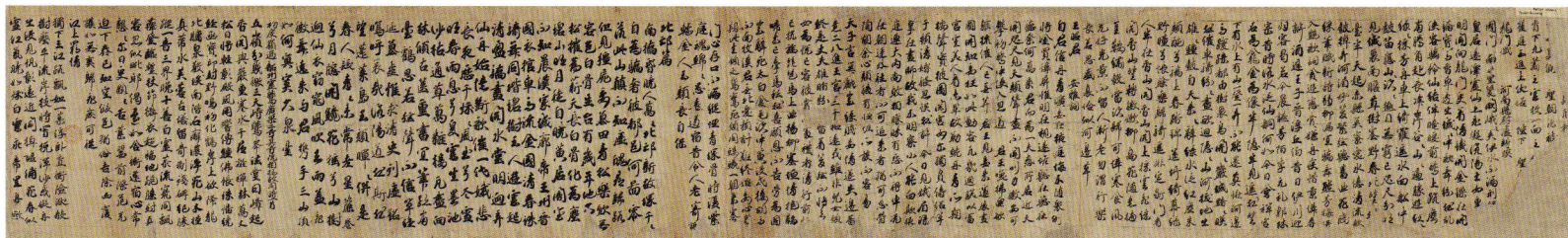
图 62　唐　卢鸿《龙门赋》　P.2673 文书　敦煌藏经洞出　法国巴黎吉美国立亚洲艺术博物馆藏

即魏元忠，武则天、中宗朝著名政治家，官至宰相。韩干所作梵天女壁画以魏元忠家妓小小写真为原本，这正是道宣所批评的"似妓女之貌""随情而造"的佛教艺术。

唐人佛教艺术正因其展现生动活泼的世俗人性之美，才彰显出大唐盛世气象和一派雍容华贵之美。唐代强盛的国力和中西频繁交流带来的大量外来文化，佛教造像艺术以首都长安和东都洛阳为中心，形成了雍容华贵、气势恢宏的艺术样式。洛阳自唐高宗始为帝国东都后，佛经翻译、兴建寺院与造像颇为兴盛，洛阳龙门石窟造像更是东都皇室贵族造像的缩影。由龙门石窟奉先寺遗址出土盛唐大势至菩萨造像来看，可见菩萨形象胸腔挺拔、肌肉特征明显，体态又婀娜多姿、丰腴饱满，尤其面部特征与唐代仕女形象相比较（图 59），即颇显"宫娃似菩萨"之风，属于典型唐代"男身女相"的菩萨像（图 60）。参照现存文献及敦煌壁画、彩塑菩萨像等艺术遗存（图 58），可知当时龙门石窟菩萨像也是满身彩绘金装，且嘴唇带有明显的胡须，体现了菩萨的"大丈夫"形象。据研究，唐代菩萨形象的女性化一定程度可能受到武则天称帝以及女性掌权的影响[119]。有趣的是，中国汉地菩萨像的女性特征受传统儒家思想的影响，更加内敛含蓄，女性特征更多表现在脸部与天衣着装上。笔者以为，6 至 8 世纪菩萨女性变化身信仰（如度母）是一股世界潮流，很可能也影响了菩萨女性化的转变，但女身菩萨的最终转变要到宋代才真正实现，这是儒家思想复兴对佛教观音形象的一种理学改造。美国哥伦比亚大学于君方认为，观音菩萨的女性化转变与妙善公主的传说关系密切[120]。

隋唐时期，反映大乘佛教思想的西方净土经变、华严经变与观音经变等图像艺术日益兴盛，其图像艺术则愈加世俗化。佛教造像和经变画的空间变化由简单到复杂，由抽象而具体。佛经中的佛国世界得到了更为全面和传神的描绘，使得佛法的传播更加有力（图 61）。唐代以更丰富的经变图像描绘佛教思想与佛教信仰的庄严世界，西方净土变成为佛教图像艺术中最具创造性的表现题材之一。这些都体现了大唐王朝对现实主义艺术精神的追求以及融合西域文明与中原文化的盛世气度，佛教艺术形象的丰富与世俗化。西方三圣是指佛教信仰中以西方极乐净土世界阿弥陀佛为主尊，观世音菩萨与大势至菩萨为左右胁侍的组合像，又称"阿弥陀三尊"，这既体现出中国佛教的重要思想，也反映了佛教艺术的主流造像。隋唐时期净土思想流行，西方三圣所代表的"往生净土"信仰被广为推崇，"天冠中有一化佛"的观音菩萨和"肉髻中有一宝瓶"的大势至菩萨图像即受此弥陀信仰的影响，深深地影响了此后中国佛教思想和信仰的发展。

余论

纵观魏唐时期龙门石窟造像历史与艺术的发展，龙门拥有得天独厚的地理优势，既是南北交通要道又是风景名胜之地。唐人陈山甫《禹凿龙门赋》云："控引河源，凿山为门，辟两崖而龙蟠虎踞，飞一带而电激雷奔。所以拯流离于品物，佐含育于乾坤，邈矣而高踪斯在，巍然而诡状斯存。"[123] 这是唐代描写龙门形胜的重要诗赋，其扼守要冲之地，又风光绮丽，在此开龛造像可谓无比风光，且石质坚贞，足以传之千古。故唐邱悦《大弥陀等身像赞》文曰："坎岩壁，现真容，因高制龛，即空疏座，东临伊水，百亿津梁，北走鼎门，大千方便。"[122]又龙门石窟唐贞观二十二年（648）《弥勒像碑》文曰：

> 上愿皇基永固，配穹天而垂拱；下使幽涂载晓，趋彼岸而□升，遂于兹岭，敬造弥勒像龛一所。地耸双阙，壁映千寻，前沂清流，却倚重岫，萦带□薄，密迩京华，似耆山之接王城，给园之依卫国也。既资胜地，又属神工，疏凿雕镌，备尽微妙……尊仪始著，似降兜率之宫；妙相初成，若在菩提之树。白毫月照，绀发烟凝。莲目疑动，果唇似说。其有礼□□足瞻仰尊颜者，莫不肃然毛竖，豁尔心开，实释梵所归依，龙天□卫。刊彼丹青徒焕，旋见销毁。金玉虽珍，易以零落。岂若因山成固，同乾坤之可久；刊石为贞，何陵谷之能穷。[123]

这段造像碑记确实具有重要的代表性，写明了造像地的山水形胜，又请良工开凿龛像，曲尽其妙，雕成的弥勒像"白毫月照，绀发烟凝。莲目疑动，果唇似说"，另瞻仰者皆能归心佛教，受天龙八部护佑，最后又强调开龛造像更优于"丹青""金玉"等像，石质坚贞，山石永固，能"同乾坤之可久"，与山川同岁，千古留芳。唐邱悦《石佛铭》有所谓"法身不朽山石坚，昊天罔极佛日悬"之说[124]。又唐侯总《刺史兼殿中侍御史薛公敬造石阿弥像赞（并序）》文云：

> 大圣不可得而名，后之者□思仪形，或范金，或剡木，或黼绣藻绘，寓厥法身，是崇瞻仰。夫金则铄，玉则蠹，黼绣藻绘，倏然成空，徒窃因缘之名，深乖久远之义。粤若贞以全璞，不□不琢，据连□以示现，与厚地而终始，则此龛石阿弥陀像在焉。[125]

该造像记文首先标举了石刻窟龛像相比鎏金铜、木雕或绢画等具有优势，能传之久远"与厚地而终始"，又生动描述了开龛造像的细节："爰稽厥初之考制也，梵侣相宜，□师献艺，梯绝壁，铲苍苔，载琢载奢，无昼无夜，大砰撝以雷落，小忽霏而星飞。坎坎之声，虽非击鼓；冲冲之状，颇类凿冰。"通过这些关于雕刻造像过程的文献的生动记录，后人似可畅想当时无昼无夜开龛凿像的热闹场景。

清代著名金石学者王昶《金石萃编》中指出：

> 造像立碑，始于北魏，迄于唐中叶。大抵所造者释迦、弥陀、弥勒及观音势至为多，起初不过刻石，或刻山崖，或刻碑石，或造石窟，或造佛龛，或造浮图，其后或施以金涂彩绘……造像必有记（记后或有铭颂），记后题名……纵观造像诸记，其祈祷之词，上及国家，下及父子，以至来生，愿望甚殷。[126]

从北魏到初盛唐时期，龙门石窟的开凿有着鲜明的政治与国家宗教的特性，几乎所有大型窟龛都是皇室或宗亲外戚捐资开凿，而那些百寮公卿、将军、宦官与僧人等则在大窟内或围绕窟龛造像，王公贵族与上层僧侣为皇帝、皇后等皇室祈福修功德的造像遍布龙门石窟，大小窟的位置也显示了身份、地位之别，围绕皇室贵族的开窟的诸多小龛也是政治秩序的某种体现。此外，需要特别注意的是，现存的龙门石窟造像已是褪去了历史华丽色彩的灰色图像，而当时所有佛菩萨、天王力士、飞天乐伎、夜叉神王及供养人等都有金装与彩装，尤其佛像面容

与露肌部分、菩萨宝冠与璎珞等多以金装，文献中记录佛像多"金容毫目"，如隋江总《优填像铭》文曰："毫光此遇，法相今逢。睟云齿雪，月貌金容。"又唐初《信法寺真容像碑》文云佛菩萨像一铺："总有一十□□□□□交辉，八十种好，绀发与青莲竞色；金容聚日，疑汉梦之霄通；瑞影含□，动周王之夜鉴。"[127]可以想见，如此规模庞大的金容彩装佛菩萨像耸立于伊水两岸山崖壁间，这在魏唐世人视域中必定留下无比强烈的震撼和深刻印记。

总体而言，龙门石窟在魏唐佛教信仰与艺术演变中具有极重要的地位，皇室开龛造像，游幸石窟礼佛，王公百僚、公卿大夫与僧俗各界信众等纷纷随之开龛造像，尤其每逢春日清明等节庆，前往龙门游览上香的信众无数。据盛唐张说《龙门西龛苏合宫等身观世音菩萨像颂》文云：

> 尔其北对宫观，南驰荆越，阙道开豁而中断，伊水委迤而长注。修途交会，车马川流，帝城风俗，是焉游览，如镇南之岘山，似关西之灞岸。暮春桃李，上已清明，汎法池之绿波，凭静域之丹槛，扬袂阴景，躐步震山，花散四天，香闻八国。[128]

伊阙作为交通要道与游览胜地，于此造像碑文可见一斑。又据苏颋《河南龙门天竺寺碑》文云："每熙春载阳，庶物和畅，此都人士，则填城溢陌，自北而南，遗光相涉，群听相接，震闻乎数十里外，无不举袂阴峰，扬桡沸水，洁诚而往，修礼而去。"[129]自北而南的人流"填城溢陌""震闻乎数十里外"，洛阳城中儿女游览龙门石窟之盛于此可见一斑。

有趣的是，敦煌藏经洞所出唐河南县尉卢竧《龙门赋》（伯希和P.2673）（图62）也以清明节龙门石窟为题，文辞华丽，其文略云：

> 国门门南二十里，双阙峨峨夹伊水。不论形胜接皇居，远泽灵仙亦飞拟。洛阳士女重清明，闻向龙门更著情。铁关金锁在开钥，宝马香车透出城。城中歌舞纷相乱，侠客骄矜仙结伴。暧暧前惊上路尘，崩腾角赴长津岸。谷谷山山遍胜游，红红绿绿采芳舟。车上绮罗遥水面，船中鼓笛应山头。山头极目无穷已，咫尺分明见城里……石为龛，金为像，半隐半见遥相望。下有水，上有山，一登一弄不能还。……严城黯黯映相摧，车骑纷纷尽欲回。……可怜寒食风光好，光景不留人渐老。忽谓行乐长苦斯，盛衰恰似河边草。[130]

赋文以清明时节为题，首写洛阳城中男女"宝马香车"争向龙门，再写游龙门山水的畅快场景，"谷谷山山遍胜游"，也留下了石窟风景记录："石为龛，金为像，半隐半见遥相望"；最后感慨时光易逝，光景难留，"忽谓行乐长苦斯，盛衰恰似河边草"，无限怅恨之感油然而生。这篇《龙门赋》写清明时节唐人游龙门石窟山水之心境与热闹场景，其与张说《龙门西龛苏合宫等身观世音菩萨像颂》所载"上已清明"以及苏颋《河南龙门天竺寺碑》所云"熙春载阳"洛阳士女争向龙门"游览""修礼"的情景颇为一致。

唐玄宗天宝十四载（755）十二月，安禄山叛军陷洛阳。经过"安史之乱"的洗劫，繁荣的古都洛阳已呈一派荒凉景象，据

《旧唐书·刘晏传》载，"函陕凋残，东周尤甚。过宜阳、熊耳，至武牢、成皋五百里中，编户千余而已。居无尺椽，人无烟爨，萧条凄惨，兽游鬼哭"。洛阳佛教也遭受了沉重的打击，"自河洛烟尘，塔庙崩颓"[131]。又唐张彦远《三祖大师碑阴记》载："洛阳当孽火之后，寺塔皆为丘墟。"[132] 经历安史之乱后，唐王朝元气大伤，宦官专权与藩镇割据也愈演愈烈，李唐皇室再也无力在龙门石窟进行大规模的开龛造像运动，龙门石窟一些寺院在晚唐也渐废弃。晚唐诗人刘沧《经龙门废寺》诗中感慨曰："山色不移楼殿尽，石台依旧水云空。唯余芳草滴春露，时有残花落晚风。"[133] 盛唐之后，历经宋金元明清一千多年，龙门石窟虽仍有零星开凿，但总体而言处于历史的沉寂期。宋代儒学复兴，佛教遭受排挤，禅宗一枝独秀，中原地区佛教开龛造像传统不在流行，龙门石窟也不再成为皇室与王公贵族追捧的信仰圣地，洛阳士大夫游赏倒是常有抵达。北宋真宗曾在游览龙门石窟后下诏对废坏的佛像进行了一次大规模整修："西京龙门山石龛佛岁久废坏，上命沙门栖演给工修饰，凡一万七千三百三十九尊。"[134]

19世纪中叶之后，随着西方列强探索、收藏与研究东方文物的热潮兴起，龙门石窟遭受了里应外合的严重盗凿，石窟造像文物大量流散海外。新中国成立后尤其是改革开放之后，龙门石窟的保护和研究都翻开了全新的篇章。

① (北魏) 郦道元《水经注》卷一五《伊水》，上海古籍出版社，1990年，第313页。

② (唐) 李吉甫撰，贺次君点校《元和郡县图志》卷五，中华书局，1983年，第130页。

③ 阎文儒《龙门石窟命名之由来》，载龙门石窟研究所编《龙门石窟研究论文选》，上海人民美术出版社，1993年，第1—4页。张乃翥《历史文献龙门史事辑零》，《敦煌学辑刊》2008年第3期，第159—171页。

④ 张乃翥《龙门石窟学术研究百年》，《洛阳工学院学报》2001年第1期，第5—8页。

⑤ (北齐) 魏收撰《魏书》卷四《世祖纪下》，中华书局，1974年，第109页。

⑥ (梁) 僧祐《高僧传》卷五《道安传》，中华书局，1992年，第178页。

⑦ 北魏道武帝 (386—409在位) 时期道人统法果称道武帝为"当今如来"。据《魏书》卷一一四《释老志》载："法果每言，太祖明睿好道，即是当今如来，沙门宜应尽礼，遂常致拜。谓人曰：能鸿道者，人主也，我非拜天子，乃是礼佛耳。"(中华书局，1974年，第3031页)这种皇帝即"当今如来"的思想在北方有典型的代表性，与南朝皇帝以"菩萨"自居的思想形成鲜明对比。

⑧ 《魏书》卷一一四《释老志》，第3031页。

⑨ 《魏书》卷一四四《释老志》。参考(日)石松日奈子《云冈石窟的皇帝大佛——从鲜卑王到中国皇帝》，《故宫博物院刊》2020年第12期，第4—19页。

⑩ (唐) 李延寿撰《南史》卷四七《崔元祖传》，中华书局，1975年，第1173页。

⑪ 陈寅恪《隋唐制度渊源略论稿》《唐代政治史述论稿》，生活·读书·新知三联书店，2015年，第3—16页。

⑫ 中外学界关于龙门石窟始凿年代的研究争论颇多，大致可分成两类，一是孝文帝迁都洛阳之前已有开凿；二是最早开凿于太和十七年孝文帝迁都之际。根据前贤研究，龙门石窟大致始凿于孝文帝迁都洛阳前后，具体年代仍可继续探讨。相关研究可参考：刘景龙《龙门石窟开凿年代研究》，外文出版社，2003年；(日)上原和著，赵声良译《龙门石窟古阳洞开凿的年代》(上、下)，《敦煌研究》2006年第6期、2007

⑬ 刘景龙主编《古阳洞·龙门石窟第1443窟》第一册，科学出版社，2001年，第2页。

⑭ (日) 石松日奈子撰，篠原典生译《龙门石窟和巩县石窟的汉服贵族供养人像——"主从形式供养人图像"的成立》，《石窟寺研究》2010年，第82—99页。

⑮ 《魏书》卷二〇《释老志》，第3043页。

⑯ 张乃翥《龙门区系石刻文萃》，国家图书馆出版社，2011年，第21页。

⑰ 参见中国社会科学院考古研究所著《北魏洛阳永宁寺 (1979—1994年考古发掘报告)》，中国大百科全书出版社，1996年。

⑱ 《魏书》卷九《肃宗纪》，第225、244页。

⑲ (东汉) 班固撰《汉书》卷七一《隽不疑传》，中华书局，1963年，第3035—3038页。

⑳ (唐) 李百药撰《北齐书》卷二四《杜弼传》中载高欢语："江东复有一吴翁萧衍，专事衣冠礼乐，中原士大夫望之以为正朔所在。"又据 (唐) 道宣《续高僧传》卷六《法贞传》载法贞如是云："大梁正朝礼义之国，又有菩萨应行风教，宣流道法，相与去乎？"(中华书局，1972年，第346页) 可见北方士族与佛教人士一直视南朝为汉地礼仪传统的正朔所在。

㉑ (唐) 道世撰，周叔迦、苏晋仁校注《法苑珠林校注》卷一六，中华书局，2003年。

㉒ (南朝宋) 刘义庆著，(南朝梁) 刘孝标注，余嘉锡笺疏《世说新语笺疏》卷二一《巧艺》，中华书局，1983年，第598页。

㉓ (南齐) 谢赫等撰《古画品录 (外二十一种)》，上海古籍出版社，1991年，第7—8页。

㉔ (唐) 张彦远《历代名画记》卷六，人民美术出版社，1964年，第204页。

㉕ 四川博物院、成都文物考古研究所编《四川出土南朝佛教造像》，中华书局，2015年。袁曙光《四川茂县南齐永明造像碑及有关问题》，《文物》1992年第2期，第67—71页。

㉖ 金维诺《南梁与北齐造像的成就与影响》，《美术研究》2000年第3期，第41—46页。

㉗ 费泳《中国佛教艺术中的佛衣样式研究》，中华书局，2012年，第286—360页。(日) 石松日奈子著，篠原典生译《北魏佛教造像史研究》，文物出版社，2012年。

㉘ (日) 吉村怜著，卞立强译《天人诞生图研究——东亚佛教美术史论文集》，上海古籍出版社，2009年。

㉙ 汤用彤《汉魏两晋南北朝佛教史》，中华书局，1983年，第362、378页。

㉚ 宿白《南朝龛像遗迹初探》，《考古学报》1989年第4期，第406页。

㉛ 《北齐书》卷二《神武帝纪》，第18页。

㉜ (日) 大村西崖著，范建明译《中国雕塑史》，中国画报出版社，2020年，第128页。

㉝ 常青《长安与洛阳——五至九世纪两京佛教艺术研究》(上)，文物出版社，2019年，第18页。

㉞ (唐) 令狐德棻等撰《周书》卷五《武帝纪上》，中华书局，1974年，第85页。

㉟ (隋) 费长房《历代三宝记》卷一一，《大正藏》第49册，第94页中。

㊱ (唐) 魏征等撰《隋书》卷三五《经籍志四》，中华书局，1973年，第1099页。

㊲ (北宋) 宋敏求著，辛德勇、郎洁点校《长安志》，三秦出版社，2013年，第259页。

㊳ 《隋书》卷三《炀帝纪上》，第61页。

㊴ (清) 徐松撰，张穆校补，方严点校《唐两京城坊考》卷五《东京》，中华书局，1985年，第131页。

㊵ (北宋) 欧阳修、宋祁撰《新唐书》卷三八《地理志二》，中华书局，1975年，第982页。

㊶ 王振国《龙门隋代小龛初探》，《华夏考古》1998年第1期，第69—87页。

㊷ (清) 董诰等编《全唐文》，中华书局，1983年，第2238页；参《张说之文集》卷一二，商务印书馆，上海涵芬楼影印明嘉靖丁酉伍氏龙池

草堂刊本，1929 年，第 11 页。

㊸《全唐文》卷二五七，第 2601 页。

㊹〔宋〕释志磐《佛祖统纪》卷三九，高楠顺次郎等编修《大正新修大藏经》（简称《大正藏》）第 49 册，日本大正一切经刊行会 1934 年印行，台北新文丰出版公司影印本，1975 年，第 129 页。

㊺〔唐〕法琳《辨证论》卷四，《大藏经》第 52 册，第 514 页。

㊻〔唐〕段成式《酉阳杂俎》续集卷六《寺塔记下》。

㊼《全唐文》卷一五〇，第 1527 页。

㊽《全唐文》卷一五〇，第 1528 页。

㊾陕西省文物事业管理局、彬县大佛寺文物保管所、中国佛教文化研究所、佛教文化信息中心编《彬县大佛寺造像艺术》，现代出版社，1998 年。

㊿《全唐文》卷九八七，第 10207—10208 页。

(51) 开元十年（722）奉先寺意外被泛滥的伊河大水冲毁。据〔后晋〕刘昫撰《旧唐书·五行志》载："十年二月四日，伊水泛涨，毁都城南龙门天竺寺、奉先寺，坏罗郭东南角，平地水深六尺以上，屋舍树木荡尽"，于是朝廷"敕旨龙华寺宜合作奉先寺"，中华书局，1975 年，第 1345 页。大卢舍那像龛记文便是奉先寺遭洪水冲毁后补刻的题记文。现存奉先寺遗址应该是奉先寺被冲毁后与龙华寺合并后的新奉先寺遗址，殆无疑义。参见温玉成《唐代龙门十寺考察》，载《中国石窟·龙门石窟》第二卷，文物出版社，1992 年。

㊾ 可参考〔美〕罗森福《奈良大佛与重源肖像》，石头出版社，2018 年。

㊾〔唐〕道宣《集神州三宝感通录》卷上"扶风岐山南古塔"条。

㊾《旧唐书》卷一八三《薛怀义传》，第 4742 页。

㊾《资治通鉴》卷二〇五。《新唐书》卷七六《高宗则天武皇后传》："大后又自加号金轮圣神皇帝，置七宝于廷：曰金轮宝，曰白象宝，曰女宝，曰马宝，曰珠宝，曰主兵臣宝，曰主藏臣宝，率大朝会则陈之。"第 3482 页。

㊾孙英刚《武则天的七宝——佛教转轮王的图像、符号及其政治意涵》，《世界宗教研究》2015 年第 2 期，第 43—53 页。孙英刚认为，从天册万岁元年（695）正月辛巳到二月甲子，武则天从加封"慈氏越古金轮圣神皇帝"到罢"慈氏越古"称号前后仅 33 天，过去往往强调武则天宣扬自己为弥勒下生，但实际上武则天作为佛教转轮圣王统治天下似乎才是当时政治宣传的主流。

㊾《全唐文》卷二四八，第 2509 页。

㊾颜娟英《武则天与唐长安七宝台石雕佛像》，载氏著《镜花水月：中国古代美术考古与佛教艺术的探讨》，石头出版社，2016 年，第 83—112 页。

㊾《全唐文》卷二〇三，第 2050 页。

㊿〔唐〕刘𫗧撰，程毅中点校《隋唐嘉话》卷下，中华书局，1979 年，第 40 页。

61〔清〕彭定求等编《全唐诗》卷五一，中华书局，1960 年，第 627 页。

62 段塔丽《武则天称帝与唐初社会的弥勒信仰》，《中国典籍与文化》2002 年第 4 期，第 85—91 页。

63 罗世平《天堂法像——洛阳天堂大佛与唐代弥勒大佛样新识》，《世界宗教研究》2016 年第 2 期，第 29—44 页。

64 高俊苹《试论武则天时期龙门石窟的弥勒造像》，《敦煌学辑刊》2006 年第 2 期，第 141—144 页。

65《旧唐书》卷七《中宗纪》，第 141 页。

66 李晓霞、谷宏耀《龙门石窟〈大唐内侍省功德之碑〉相关问题再考》，《敦煌研究》2018 年第 6 期，第 59—68 页。

67 参见刘景龙、李玉昆主编《龙门石窟碑刻题记汇录》，中国大百科全书出版社，1998 年。

68〔唐〕白居易《修香山寺记》，《全唐文》卷六七六，第 6906 页。

69 温玉成《唐代龙门十寺考察》，载龙门文物保管所、北京大学考古系编《中国石窟·龙门石窟》第 2 卷，文物出版社，1992 年，第 217—232 页。

70 奉先寺遗址发掘工作队《洛阳龙门奉先寺遗址发掘简报》，《□原文物》2001 年第 2 期，第 10—20 页。

71《魏书》卷一一四《释老志》，第 3048 页。

72 梁思成《中国雕塑史》，百花文艺出版社，1997 年，第 123 页。

73〔唐〕慧立《大慈恩寺三藏法师传》卷六。

74 王仲尧《玄奘与中国罗汉造像艺术》，《普门学报》2005 年总第 25 期，第 1—25 页。

75《全唐文》卷二五七，第 2097 页。

76 王仲尧《玄奘佛教艺术思想及其造像活动》，《长安佛教学术研讨会论文集》，第 226—241 页。

77 汤用彤《隋唐佛教史稿》，中华书局，1982 年，第 22 页。

78〔唐〕智昇《开元释教录》卷九《总括群经录》（上），载《大正藏》第 55 册，第 568 页中栏。

79 蔡景《述二人道德行纪》，《全唐文》卷三九八，第 4066 页。

80《历代名画记》卷三《记两京外州寺观画壁》，第 135 页。

81 李玉昆《龙门石窟新发现王玄策造像题记》，《文物》1976 年第 11 期，第 94 页。

82 毛阳光《唐代洛阳的外来风情》，《文史知识》2010 年第 6 期，第 59—66 页。

83 吕建福《中国密教史》，中国社会科学出版社，1995 年。

84 张同标认为，古印度佛像影响中国大概有三次浪潮即贵霜时期、笈多时期、波罗时期，分别对应中国的汉魏西晋、东晋南北朝至唐初、唐后期至北宋，最后一次浪潮以密教经典和图像传播为核心，大致即始于高宗、武则天时期。参见张同标《中印佛教造像源流与传播》，东南大学出版社，2013 年。

85 常青《试论龙门初唐密教雕刻》，原载《考古学报》2001 年第 3 期，第 335—360 页，修订稿载常氏《长安与洛阳——五至九世纪两京佛教艺术研究》，文物出版社，2020 年，第 613—652 页。

86《开元释教录》卷八，《大正藏》第 55 册，第 562 页中。

87〔日〕大村西崖《密教发达志》，中国书籍出版社，2013 年，第 183 页。

88〔唐〕释波崙《〈千眼千臂观世音菩萨陀罗尼神咒经〉序》，《大正藏》第 20 册，第 83 页下栏。

89〔唐〕智昇《续古今译经图记》，《大正藏》第 55 册，第 368 页。

90〔唐〕法藏《华严经传记》卷一。

91 张乃翥《龙门石窟天竺寺事辑》，《石窟寺研究》2013 年第 1 期，第 151—181 页。

92《全唐文》卷二五七，第 2601 页。

93 赵振华《洛阳新出比丘尼墓志与唐代东都圣善寺》，《河洛史志》2005 年第 3 期，第 13—20 页。

94〔唐〕圆照《贞元新定释教目录》卷一四，《大正藏》第 55 册，第 876 页中。

95《宋高僧传》卷一《唐洛阳广福寺金刚智传》，第 6 页。

96《宋高僧传》卷一《唐洛阳广福寺金刚智传》，第 4 页。

97〔唐〕张彦远《历代名画记》卷九《唐朝上》，人民美术出版社，1964 年，第 186 页。

98《贞元新定释教目录》卷一四，《大正藏》第 55 册，1983 年，第 877 页。

99 黄阳兴《咒语·图像·法术——密教与中晚唐文学研究》，海天出版社，2015 年，第 164—208 页。

100〔唐〕玄奘、辩机原著，季羡林等校注《大唐西域记》，中华书局，1957 年，第 675 页。

101 前揭《续高僧传》卷四《唐京师大慈恩寺释玄奘传》，《大正藏》第 50 册，第 458 页中栏。

102〔唐〕道世撰，周叔迦、苏晋仁校注《法苑珠林校注》，中华书局，2003 年，第 907—909 页。

103《开元释教录》卷九《总括群经录》（上），《大正藏》第 55 册，第 2154 页。

104〔唐〕义净著，王邦维校注《大唐西域求法高僧传》，中华书局，1988 年，第 168 页。

105 颜娟英《武则天与唐长安七宝台石雕佛像》，《艺术学》1987 年第 1 号，第41—47页。

⑩ 丁明夷《龙门石窟唐代造像的分期与类型》，《考古学报》1979年第4期，第519—545页。

⑩ 《全唐文补编》卷五六，第686页。

⑩ 刘淑芬《〈佛顶尊胜陀罗尼经〉与唐代尊胜经幢的建立——经幢研究之一》，《"中央研究院"历史语言研究所集刊》第六十七本第一分，1996年，第145—193页。刘淑芬《经幢的形制、性质和来源——经幢研究之二》，《"中央研究院"历史语言研究所集刊》第六十八本第三分（1997年），第643—786页。刘淑芬《灭罪与度亡：佛顶尊胜陀罗尼经幢之研究》，上海古籍出版社，2008年。

⑩ 梁思成《中国雕塑史》，百花文艺出版社，2006年，第123页。

⑩ 〔北宋〕释道诚《释氏要览》卷中，《大正藏》第54册，第288页中栏。

⑪ 〔北宋〕刘道醇《五代名画补遗》，中华书局，1985年。

⑫ 《历代名画记》卷五，第202页。

⑬ 〔北宋〕郭若虚《图画见闻志》卷一，人民美术出版社，第17—18页。

⑭ 《全唐文》卷二〇一，第2038页。

⑮ 《全唐文》卷二二二，第2238页。

⑯ 《全唐文》卷九八九，第10238页。

⑰ 《全唐文》卷九八七，第10211页。

⑱ 《酉阳杂俎》续集卷六《寺塔记下》。

⑲ 古正美《武则天神功之前所使用的密教观音佛王传统及佛王形象——中国女相观音出现的原因》，载氏著《从天王传统到佛王传统——中国中世佛教治国意识形态研究》，台湾商周出版社，2003年，第275—324页。

⑳ 〔美〕于君方著，陈怀宇、姚崇新、林佩莹译《观音——菩萨中国化的演变》，商务印书馆，2012年。

㉑ 《全唐文》卷九四八，第9846页。

㉒ 《唐文续拾》卷三，第11205页。

㉓ 《全唐文》卷九八九，第10232—10233页。

㉔ 《唐文续拾》卷三《大弥陀等身像赞》，第11205页。

㉕ 《唐文续拾》卷四，第11215页。

㉖ 〔清〕王昶《金石萃编》卷三九《隋·附北朝造像诸碑总论》，经训楼藏版。

㉗ 《全唐文》卷九八九，第10236页。

㉘ 《全唐文》卷二二二，第2238页。

㉙ 《全唐文》卷二五七，第2601页。

㉚ 张锡厚《敦煌赋汇》，江苏古籍出版社，1999年，第278—279页。

㉛ 《嵩山会善寺戒坛记》，《全唐文》卷五一〇，上海古籍出版社，1990年，第5185页。

㉜ 《全唐文》卷七九〇，第3669页。

㉝ 《全唐诗》卷五八六。

㉞ 〔宋〕志磐《佛祖统纪》卷四四，《大正藏》第49册，第405页下。

图像资料来源

- 图1—2、图5—6、图10—11、图16、图28—36、图38—48 龙门石窟研究院提供。

- 图3—4 云冈石窟研究院提供。

- 图7 Chavannes, Edouard. Mission Archéologique Dans La Chine Septentrionale. Paris: E. Leroux, 1909, NO. 293/296.

- 图8 Denise Patry Leidy and Donna Strahan. Wisdom Embodied: Chinese Buddhist and Daoist Sculpture in The Metropolitan Museum of Art. New York: The Metroplitan Museum of Art, 2011, p.65.

- 图9 Colin Mackenzie. Masterworks of Chinese Art: The Nelson-Atkins Museum of Art. Missouri: Nelson-Atkins Museum of Art, 2011, p.63.

- 图12、图13 四川博物院、成都文物考古研究所、四川大学博物馆编著《四川出土南朝佛教造像》，中华书局，2013年，第193—196、第130—133页。

- 图14 姚迁《六朝艺术》，文物出版社，1981年，图一六二、一六三。

- 图15 美国国立亚洲艺术博物馆藏，藏品号：F2001.7
  网址：https://asia.si.edu/object/F2001.7/

- 图17 故宫博物院藏，藏品号：新00017041
  网址：https://digicol.dpm.org.cn/cultural/detail?id=80897

- 图18 法国吉美东方国立美术馆藏，藏品号：EO 2604
  网址：https://www.guimet.fr/collections/chine/les-bouddha-shakyamuni-et-prabhutaratna/

- 图19 深圳博物馆、山西博物院编《法相庄严——山西博物院藏佛教造像珍品展》，文物出版社，2011年，第30页。

- 图20 故宫博物院编《故宫博物院藏品大系·绘画编·1·晋隋唐五代》，紫禁城出版社，2008年，第41页。

- 图21 丁明夷《中国石窟雕塑全集》卷6《北方六省》，重庆出版社，2001年，第43页。

- 图22 《中国石窟雕塑全集》卷6《北方六省》，第70页。

- 图23 《中国石窟雕塑全集》卷6《北方六省》，第15页。

- 图25 故宫博物院编《故宫博物院藏品大系·雕塑编·7·河北曲阳修德寺遗址出土佛教造像》，紫禁城出版社，2011年，第182页。

- 图26 前揭《中国石窟雕塑全集》卷6《北方六省》，第121页。

- 图27 美国宾夕法尼亚大学考古学与人类学博物馆藏，藏品号：C150
  网址：https://www.penn.museum/collections/object/47062

- 图24、图38、图60 深圳博物馆黄诗金摄

- 图37 笔者摄

- 图49 中国社会科学院考古研究所洛阳工作站韩建华研究员提供

- 图50 Lkesh Chandra; Nirmala Shirma, Buddhist Paintings of Tun-Huang: In the National Museum, New Delhi, Niyogi Books, 2012, P.63&69.

- 图51 日本东京国立博物馆藏，藏品号：TC-772
  网址：https://colbase.nich.go.jp/collection_items/tnm/TC-772

- 图52 刘长久《中国西南石窟艺术》，四川人民出版社，1998年，第256页。

- 图53 中国社会科学院考古研究所洛阳工作站韩建华研究员提供

- 图54 美国大都会艺术博物馆藏，藏品号：1997.159
  网址：https://www.metmuseum.org/art/collection/search/257640

- 图55 张嘉妹主编《犍陀罗的微笑：巴基斯坦古迹文物巡礼》，上海三联书店，2021年版，第83页。

- 图56 西安碑林博物馆编《佛韵长安——西安碑林佛教造像艺术》，陕西师范大学出版社，2010年，第169页。

- 图57 美国波士顿艺术博物馆，藏品号：12.128
  网址：https://collections.mfa.org/objects/12923

- 图58 敦煌研究院《敦煌石窟全集8·塑像卷》，商务印书馆（香港）有限公司，2003年，第159页。

- 图59 西安市文物保护考古研究所《西安文物精华·陶俑》，世界图书出版公司，2014年，第135页。

- 图61 敦煌研究院提供。

- 图62 龙门赋 Pelliot chinois 2673
  网址：http://idp.bl.uk/database/oo_scroll_h.a4d?uid=3444651165;recnum=59818;index=5

序篇 · 龙门石窟大事记

文彦博题龙门奉先寺碑 拓片

北宋 元丰四年（1081）
长 143.5 厘米 宽 96 厘米
2000 年龙门石窟西山奉先寺遗址出土
龙门石窟研究院藏

Poetry Inscription by Wen Yanbo (Rubbing)

The 4th Year of Yuanfeng Period, Northern Song Dynasty (A.D.1081)
Length:143.5cm Width:96cm
Excavated from Fengxiansi Temple Site in Longmen West Hill (2000)
Longmen Grottoes Academy

北宋承唐制亦设立东西两京，汴梁称"东京"，洛阳称"西京"。洛阳是北宋文人士大夫闲居的主要城市，尤其是王安石改革期间，文彦博、司马光等一大批反对变革的势力聚集洛阳，游赏龙门赋诗雅集成为守旧文人的日常活动。

文彦博（1006—1097）是北宋大文豪之一，此碑文是文氏元丰三年（1080）在龙门奉先寺所题的五言绝句，第二年由奉先寺僧人法晏主持摹刻上石。据范祖禹《龙门山胜善寺药寮记》（《范太史集》卷三六）载，文彦博曾于熙宁七年（1074）出资修缮龙门胜善寺及附近珍珠泉，并于寺院修建药寮，又捐医书、良药与器具等，方便百姓求医。

拓片释文

题龙门奉先寺。河东节度使守太尉潞国公文彦博。伊叟已先至，兴师犹未归。临高东北望，一片白云飞。门人云，师不久自魏归。元丰三年十月十三日，殿中丞陈安民、明素大师陈宗应三嵫主从并同至。元丰四年九月望日传戒副住持赐紫法晏立，化主僧惠然同立，张士宁刊。

孝文革新

北魏龙门石窟的开凿与艺术

北魏鲜卑政权统一中原后,定都平城(今山西大同),政治、经济、文化与南朝有了更广更深的往来。经营平城近百年后,北魏太和十七年(493),孝文帝正式迁都洛阳,开启了全面汉化的政治改革。与此同时,龙门两岸开始了持续 400 余年之久的大规模窟龛营造,龙门石窟成为皇室贵族彰显国家佛教信仰的圣地,成为中原新的佛教艺术中心。

北魏皇室贵族营造的石窟全部集中在西山,其中孝文帝开凿的古阳洞与宣武帝开凿的宾阳中洞最为著名。北魏晚期龙门造像更多受到了孝文帝汉化改革的影响,体现了南朝风格,尤以汉化的褒衣博带、秀骨清像的风格著称,反映了士族对玄学审美的崇尚。北魏分裂后,旧鲜卑贵族重新掌权,东西魏至北齐、北周则更多汲取了外来风格。中西文明、南北文化的交流与胡汉民族的融合始终贯穿于北朝的石窟艺术之中。

Xiaowen Innovation

The Reform of the Northern Wei Emperor Xiaowen

After the regime of the Northern Wei Xianbei unified the Central Plains, Pingcheng (now Datong, Shanxi) was established as the capital. The political, economic, and cultural exchanges between the Southern Dynasties and the Northern Wei became broader and deeper. After Pingcheng had been ruled by the regime of the Northern Wei for nearly a hundred years, in the 17th year of Taihe of the Northern Wei (493 CE), Emperor Xiaowen officially shifted the capital to Luoyang and initiated a comprehensive political reform for Sinicization. At the same time, the Longmen Grottoes began to build large-scale cave niches on both sides of the valley, which had continued for more than 400 years. The Longmen Grottoes became a holy place for the royal family and aristocrats to demonstrate their national Buddhist beliefs and a new Buddhist art center in central China.

The grottoes built by the royal family and nobles of the Northern Wei Dynasty are all concentrated in West Hill. Among them, the Guyang Cave constructed by Emperor Xiaowen and the Binyang. Middle Cave constructed by Emperor Xuanwu are the most famous. The statues of Longmen carved in the late Northern Wei Dynasty were influenced by more factors from Emperor Xiaowen's Sinicization reforms, reflected in the garments with loose sleeves and delicate faces of Longmen's statues which should be the style of the Southern Dynasties. These factors adopted by Longmen's statues from the Southern Dynasties also reflect the Northern Wei gentry's admiration for the aesthetics of metaphysics. After the division of the Northern Wei Dynasty, the old Xianbei nobles regained power, later dynasties including the Eastern Wei, the Western Wei, Northern Qi and Northern Zhou adopted more foreign elements. The exchanges of Chinese and Western civilizations, North and South cultures, and the integration of the Hu and Han nationalities have always run through the grotto art of the Northern Dynasties.

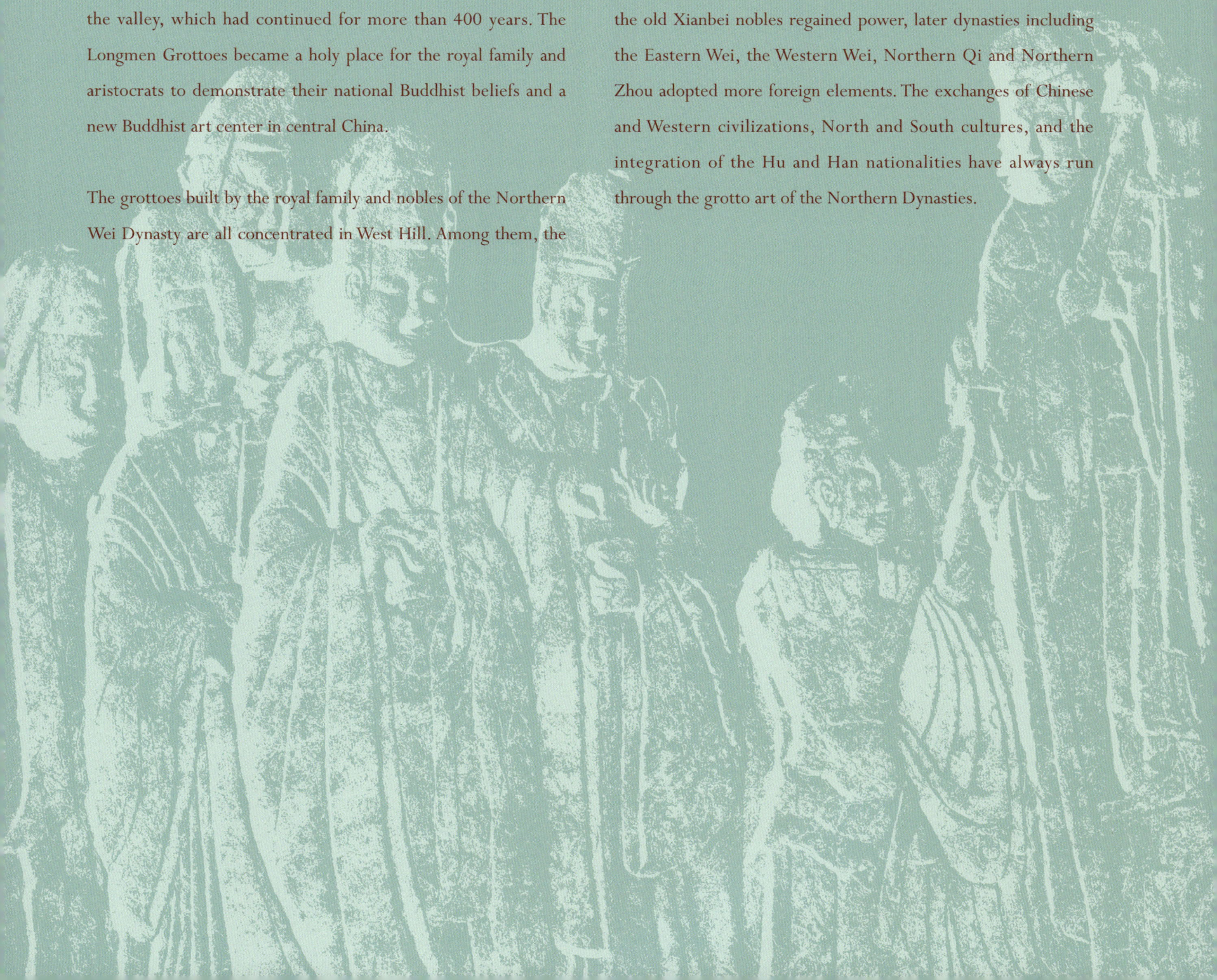

○三 ▌

菩萨头像

北魏晚期（495—534）
高 19 厘米 宽 11.5 厘米 厚 8.5 厘米
1987 年龙门石窟西山火烧洞前出土
龙门石窟研究院藏

Head of Bodhisattva

Late Northern Wei Dynasty (A.D. 495-534)
Height:19cm Width:11.5cm
Thickness:8.5cm
Excavated around Huoshao Cave in Longmen West Hill (1987)
Longmen Grottoes Academy

　　该菩萨面目俊秀含蓄，莞尔微笑，呈闭目冥想之态，头戴宝冠，冠中间饰一自空而下的飞天，两侧为相对的飞天，装饰极为独特，表现出北魏晚期的清秀风格，雕刻精湛。

　　与佛头顶肉髻的标志一样，所有菩萨像以宝冠或宝箍装饰。宝冠多为花冠，故多称"华蔓冠"或"华蔓"。《大唐西域记》卷二云"首冠华蔓，身饰璎珞"。佛教"以种种宝用作华蔓而为庄严"。北朝常见菩萨宝冠有化佛冠、日月冠、华蔓冠、莲花冠、三面宝冠、山形冠、三叶冠等，装饰变化十分丰富。

　　菩萨头上的飞天宝冠始见于云冈石窟。开凿于公元 460 年至 470 年的第 17 窟南壁东侧佛龛右胁侍菩萨，其宝冠在三个花盘之间的上部对称雕刻了两身飞天形象。又云冈石窟第 6 窟东层下侧佛龛内雕北朝流行的交脚菩萨宝冠正中雕坐佛，坐佛两侧各雕一身飞天，显示北朝菩萨别致的装饰宝冠。

参考文献

① 赵声良《敦煌石窟北朝菩萨的头冠》，《敦煌研究》2005 年第 3 期，第 8—18 页。
② 李晔《山西北朝菩萨头冠的类型研究》，《西北美术》2018 年第 3 期，第 95—100 页。

北魏　龙门石窟莲花洞飞天

○四

浮雕飞天像

北魏晚期（495—534）
高 40 厘米 宽 21 厘米 厚 9 厘米
1988 年龙门石窟西山火烧洞前出土
龙门石窟研究院藏

Figure of Apsara

Late Northern Wei Dynasty(A.D. 495-534)
Height:40cm Width:21cm Thickness:9cm
Excavated around Huoshao Cave in Longmen West Hill (1988)
Longmen Grottoes Academy

　　该造像采用高浮雕表现手法，从其束双环发髻、隐约可见的身后帔帛以及倾斜的身姿大概可判断此为飞天像。该飞天身半侧，面形细窄瘦长，眉眼低垂，鼻梁挺直，胸饰项圈，肩饰帔帛，右手执莲于右肩前，仪态娴雅。

　　帔帛是佛教东传以来菩萨、天人与金刚力士等形像常见装饰。雕刻用刀平直，坚劲质朴，其形象瘦长，属北魏孝文帝汉化改革后流行的"秀骨清像"风格。

○五

人物头像

北魏晚期（495—534）
高 18.5 厘米 宽 12.5 厘米 厚 5 厘米
1953 年青岛海关转故宫博物院移交
龙门石窟研究院藏

Head of Character Relief

Late Northern Wei Dynasty (A.D. 495-534)
Height: 18.5cm Width: 12.5cm Thickness: 5cm
Transferred by The Palace Museum from Qingdao Customs (1953)
Longmen Grottoes Academy

北魏 文昭皇后礼佛浮雕局部 龙门石窟宾阳中洞南壁
美国纳尔逊－阿特斯金艺术博物馆藏

　　20 世纪 30 年代，青岛海关缴获龙门石窟被盗石刻数箱（其中包含宾阳中洞浮雕帝后礼佛图 7 箱），经拣选有较完整面相的两件，此为其中一件。

　　该头像面容清秀，双目低垂，略带微笑，刀法娴熟，或是礼佛浮雕的一部分，至于是何人物尚难辨别。

○六

狮子像头部

北魏晚期（495—534）
高 11.5 厘米 长 21 厘米 厚 4.5 厘米
1987 年龙门石窟西山火烧洞与古阳洞之间发现
龙门石窟研究院藏

Head of Lion

Late Northern Wei Dynasty (A.D. 495-534)
Height:11.5cm Length:21cm
Thickness:4.5cm
Excavated between Huoshao Cave and Guyang Cave in Longmen
West Hill (1987)
Longmen Grottoes Academy

　　佛教以"狮子吼"象征佛说法，狮子也是佛教造像中最流行的题材之一。此尊狮子怒目、利齿，其刀法刻削，眼睛处理仍有汉魏石刻风韵，与北魏孝明帝时期开凿的六狮洞（第1418窟）狮子相类，写实与写意结合，彰显了猛兽形象的威武。从结构上看，应属于放置在佛像台座下方左右两侧的高浮雕。

菩萨残像

东魏至北齐（534—577）
高 48 厘米 宽 15 厘米 厚 9.5 厘米
1988 年龙门石窟西山火烧洞前出土
龙门石窟研究院藏

Figure of Standing Bodhisattva Fragment

Eastern Wei to Northern Qi Dynasty (A.D. 534-577)
Height:48cm Width:15cm Thickness:9.5cm
Excavated around Huoshao Cave in Longmen West Hill (1988)
Longmen Grottoes Academy

　　该菩萨像有残损，双手合十，身饰帔帛，下身着裙，衣纹简练，劲挺流畅。菩萨左腿作曲膝前行状，跣足而立，体态颇具动感，具有西域风格，或是东魏晚期至北齐初年之作。

　　这类菩萨形象较早见于云冈石窟。云冈石窟第 6 窟中心塔柱南面下层佛龛，两侧有自由姿态的胁侍菩萨像，右侧身饰帔帛、左膝微屈、双手合十状态与此菩萨姿态上类似，唯其雕刻技法与此有别。东魏北齐时期，由于反北魏晚期的汉化潮流，菩萨形象更多吸收印度笈多艺术的影响，如代表高氏皇家佛教艺术的邯郸响堂山石窟中诸多菩萨形象皆率意放达，姿态多样。此时的龙门石窟也受此外来潮流影响。云冈石窟胁侍菩萨略显拙朴，西域风浓郁；龙门石窟此尊菩萨更显出东魏北齐时期的流畅与爽利，极具神韵。

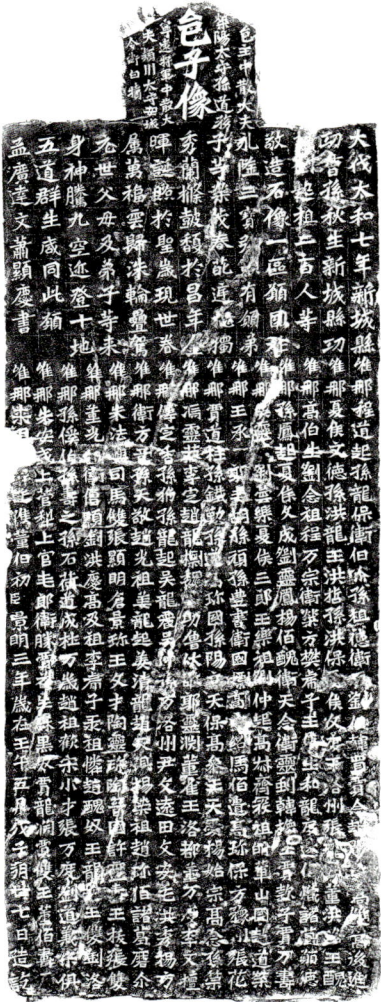
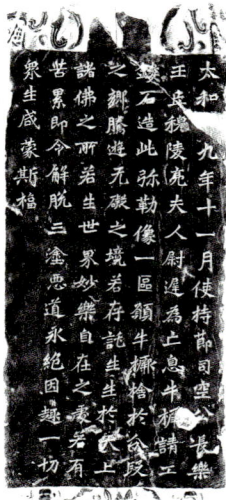

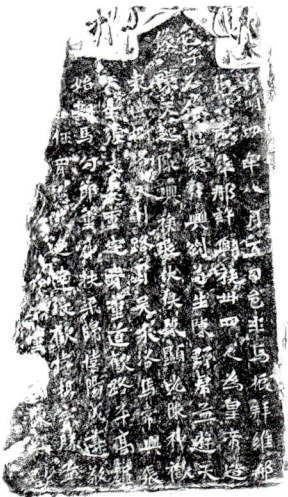
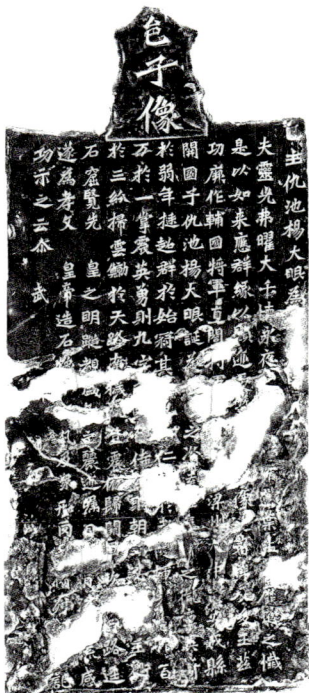

孙秋生造像 题记拓片

北魏 太和十七年（493）
长 129 厘米 宽 49 厘米
龙门石窟西山古阳洞
龙门石窟研究院藏

Stele of Sun Qiusheng Statue (Rubbing)

The 17th Year of Taihe Period, Northern Wei Dynasty (A.D. 493)
Length:129cm Width:49cm
Guyang Cave in Longmen West Hill
Longmen Grottoes Academy

　　孙秋生造像位于龙门石窟古阳洞南壁，北魏太和十七年（493）雕刻，属窟内两侧壁上层八大龛像之一，也是龙门最早的造像龛之一。该龛镌刻高浮雕一佛二菩萨像，主尊佛像胸膛挺拔，宽肩，内着僧祇支，外披偏衫袈裟，结禅定印，双跏趺坐，覆腿衣纹呈弧形。整体造像清瘦刚劲，带有典型云冈石窟二期艺术遗风。北魏贵族南迁至洛阳开凿，属于龙门石窟早期开窟造像风格。

　　该造像题记全称《新城县功曹孙秋生、刘起祖二百人等造像记》。孟广达文，萧显庆书，位于造像龛左侧。该题记是魏碑中朴茂雄浑、沉劲刚健的代表。原碑石为蟠龙螭首，碑座上刻三小坐佛龛。碑上文字记录了祈求国祚昌隆与祝愿现世来生的美好愿望。

拓片释文

　　邑子像。邑主中散大夫荥阳太守孙道务；宁远将军中散大夫颍川太守安城令卫白犊。

　　大伐太和七年，新城县功曹孙秋生、新城县功曹刘起祖二百人等。敬造石像一区，愿国祚永隆，三宝弥显。有愿弟子等荣茂春葩，庭槐独秀，兰条鼓馥于昌年，金晖诞照于圣岁。现世眷属，万福云归，沐轮叠驾；元世父母及弟子等，来身神腾九空，迹登十地。五道群生，咸同此愿。孟广达文，萧显庆书。（下附功德人名略）

序号	名称	时间	尺寸 (纵×横 cm)	介绍
❶	孙秋生造像记	北魏太和十七年 （493）	129×49	详见 52 页
❷	牛橛造像记	北魏太和十九年 （495）	65×33	详见 55 页
❸	一弗造像记	北魏太和二十年 （496）	9×30	又称《一弗为亡夫张元祖造像题记》，全称《步辇郎张元祖妻一弗为亡夫造像记》。题记位于龙门石窟古阳洞北壁，刻于北魏太和二十年（496）。正书，书法道劲沉稳又不乏灵动之笔。康有为称其"落笔峻而结体庄和，行墨涩而取势排宕"。
❹	始平公造像记	北魏太和二十二年 （498）	89×39	详见 57 页
❺	北海王元详造像记	北魏太和二十二年 （498）	77×40	全称《北海王元详为母子平安造弥勒像记》，位于龙门石窟古阳洞北壁，刻于北魏太和二十二年（498）。题记中载有太和十八年（494）孝文帝元宏御驾亲征之事。正书，书法结构宽博大度、神气舒展，自有一种雍容气象。
❻	解伯达造像记	北魏太和年间 （495–499）	12×34	全称《司马解伯达造像记》，位于龙门石窟古阳洞北壁，刻于北魏太和年间（477–499）。正书，书法笔力方俊、气势雄强，康有为称其"亦有奇趣妙理，兼备方圆，为北碑上乘"。
❼	孙保造像记	北魏太和景明年间 （477–503）	39×25	全称《北海王国太妃高为孙保造像题记》，位于龙门石窟古阳洞顶部，无刊刻时间。此造像记书法风格和技巧与《北海王元详造像记》极为相似，或是出于同一书家之手。
❽	郑长猷造像记	北魏景明二年 （501）	49×33	全称《云阳伯郑长猷为亡父等造像记》，位于龙门石窟古阳洞南壁，刻于北魏景明二年（501）九月三日。正书，书法劲厉朴拙，隶意较重，有方整厚重、恣肆雄奇之势态。
❾	惠感造像记	北魏景明三年 （502）	19×42	全称《比丘惠感为亡父母造像记》，位于龙门石窟古阳洞北壁，刻于北魏景明三年（502）五月。正书，书法沉劲方重，犹存隶意。
❿	高树等造像记	北魏景明三年 （502）	40×27	详见 59 页
⓫	法生造像记	北魏景明四年 （503）	33×36	全称《比丘法生为孝文帝并北海王母子造像记碑》。景明四年（503）十二月，刊刻于古阳洞南壁。正书，书法用笔圆润和谐，结势华丽流美。

序号	名称	时间	尺寸 (纵 × 横 cm)	介绍
⑫	贺兰汗造像记	北魏景明三年 （502）	49×34	全称《广川王祖母太妃侯为亡夫贺兰汗造像题记》。景明三年（502）八月刻，位于古阳洞顶部。正书，书法峻整隽永，刀法朴茂方拙，气韵贯通汉晋，笔法奇逸。
⑬	马振拜造像记	北魏景明四年 （503）	55×30	全称《邑主马振拜和维那张子成卅四人为皇帝造像记》，景明四年（503）八月，刊刻于古阳洞顶部。正书，书法峻丽，别有风味。
⑭	太妃侯造像记	北魏景明四年 （503）	24×82	全称《广川王祖母太妃侯为幼孙造像记》，位于古阳洞顶部，刻于北魏景明四年（503）七月。正书，书法古拙朴茂、峭厉方劲。
⑮	杨大眼造像记	北魏景明正始年间 （500—508）	93×40	详见 60 页
⑯	元燮造像记	北魏正始四年 （507）	25×40	全称《安定王元燮为亡祖亡考亡妣造像记》，正始四年（507）二月刻，位于古阳洞南壁最上层里侧，此造像碑记是元燮为亡祖母太妃、亡父、亡母及其现在家人所造。正书，书法峻美，体古雅。
⑰	元祐造像记	北魏熙平二年 （517）	38×38	全称《齐郡王元祐造像记》。熙平二年（517）七月，刊刻于古阳洞南壁。正书，从墓志铭和造像记文字内容看，造像记似为元祐撰文。
⑱	慈香造像记	北魏神龟三年 （520）	42×38	全称《比丘尼慈香慧政造窟碑记》。这是"龙门二十品"中唯一在古阳洞之外的一品，位于慈香窟主佛下部偏南，刻于北魏孝明帝神龟三年（520）。正书，康有为对此碑记书体章法布局大为赞赏，称其"龙蟠凤舞，纵横相涉，圆辟相生"。
⑲	魏灵藏造像记	北魏 （398—534）	45×36	详见 63 页
⑳	道匠造像记	北魏 （398—534）	24×45	全称《比丘道匠为师僧父母造像记》，刊刻于古阳洞北壁。无造像纪年，据其风格和所处位置，当在北魏孝文帝太和末至宣武帝景明初。正书，其书体具有魏碑"魄力雄强""点画峻厚"的典型特点。

资料来源：

刘景龙编《古阳洞：龙门石窟第 1443 窟》，科学出版社，2001 年。

龙门二十品：造像记与碑学

　　"龙门二十品"是指选自龙门石窟的二十方造像题记，其中十九品在古阳洞，另一品位于老龙洞外的慈香窑。二十品内容主要是北魏王公贵族、高僧等为孝文帝歌功颂德或禳灾祈福的记文，既是分析龙门石窟造像断代的重要依据，也是深入了解北魏时期政治与社会状况的实物资料。

　　"龙门二十品"也是魏碑书法的集实缩影和写照，是魏碑艺术的精华所在。北碑书法独立于南朝"二王"系统之外，结构奇逸，用笔峻厚，浑穆刚健，雄峻伟茂，北魏分裂后便逐渐湮没无闻。唐宋时期二王书风古据绝对统治地位，流畅道美的帖学成为主流，北碑书法罕受关注。直到清代乾嘉之后，金石考据学兴起，北魏造像题记的书法价值重新为世人所发掘，破除了"馆阁体"的流弊，开辟了全新的金石艺术之路，碑学书法由是振兴。这正是"龙门二十品"魏碑书法的历史意义、审美趣味与时代价值。

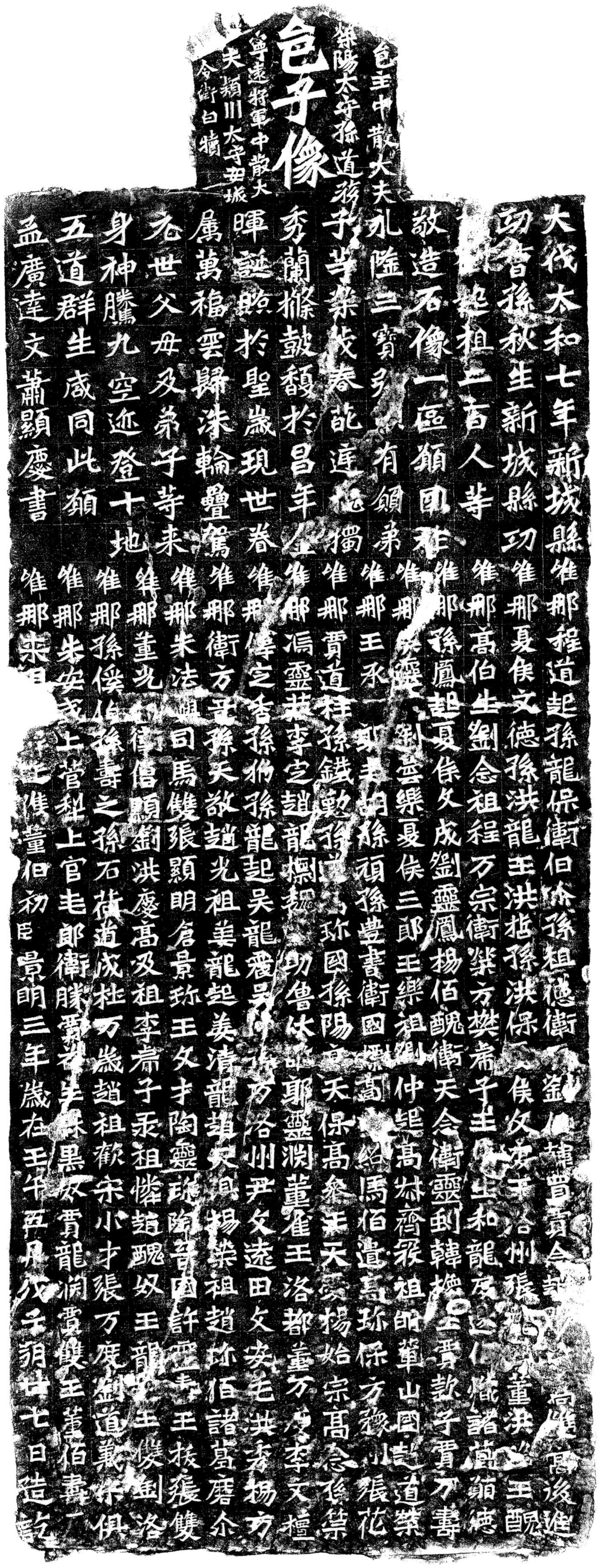

邑子像

大代太和七年新城縣功曹孫秋生新城縣功曹劉起祖二百人等

敬造石像一區願乾祚永隆萬福雲歸洙輪疊駕秀蘭騰照於昌年

身神騰九空迹登十地五道群生咸同此願孟廣達文蕭顯慶書

景明三年歲在壬午四月戊子朔廿七日造訖

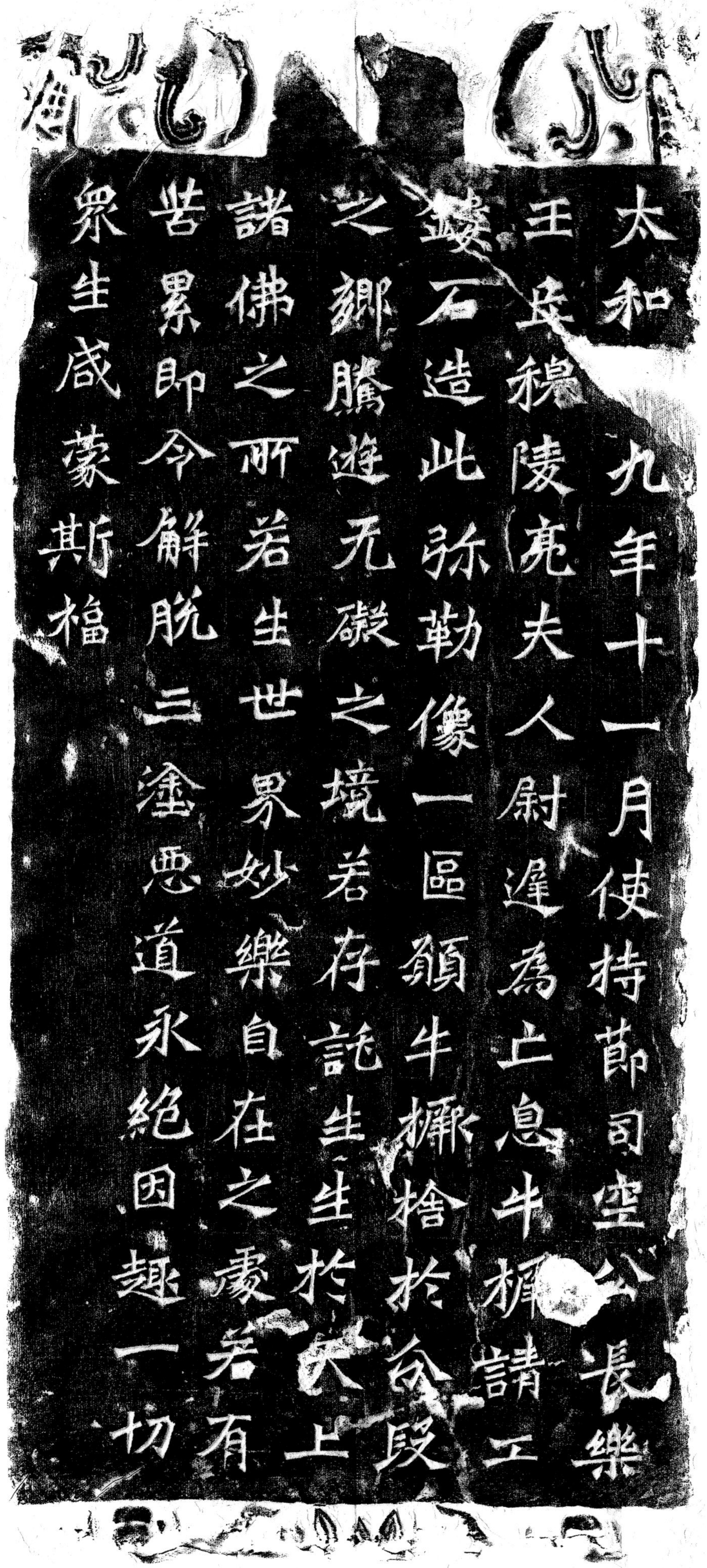

太和
九年十一月使持節司空公長樂
王丘穆陵亮夫人尉遲為上息牛橛請工
鏤石造此弥勒像一區頭牛撅捨於像
之鄉騰遊无礙之境若存託生生於大上
諸佛之所若生世界妙樂自在之處若有
苦累即今解脫三塗惡道永絕因趣一切
衆生咸蒙斯福

古阳洞北壁牛橛造像及题记现状

○九

牛橛造像 题记拓片

北魏 太和十九年（495）
长 65 厘米 宽 33 厘米
龙门石窟西山古阳洞
龙门石窟研究院藏

Stele of Niu Jue Statue (Rubbing)

The 19th Year of Taihe Period, Northern Wei Dynasty (A.D. 495)
Length:65cm Width:33cm
Guyang Cave in Longmen Grottoes
Longmen Grottoes Academy

全称《太和十九年长乐王丘穆陵亮夫人为亡息牛橛造弥勒像记》，刻于古阳洞北侧。该龛乃北魏长乐王丘穆陵亮夫人尉迟氏为亡子牛橛所造。该碑刻书法意境高古，康有为认为"体方笔厚，画平竖直"，是魏碑书法的绝佳范本。

拓片释文

太和□九年十一月，使持节司空公长乐王丘穆陵亮夫人尉迟，为亡息牛橛，请工镂石造此弥勒像一区，愿牛橛舍于分段之乡，腾游无碍之境，若存托生，生于天上诸佛之所，若生世界妙乐自在之处，若有苦累，即令解脱，三涂恶道永绝因趣。一切众生，咸蒙斯福。

> 牛橛造像位于龙门石窟西山古阳洞北侧，杨大眼造像龛上方，北魏太和十九年（495）造。圆券形，主尊为戴宝冠的交脚弥勒菩萨，两侧双狮，交脚下刻力士托足，两侧胁侍菩萨，表现弥勒上兜率天宫说法形象，头光莲花外圈刻过去七佛，背光外刻火焰纹。龛楣雕刻十一身童子牵花绳璎珞，童子间刻飞天。龛楣下方左右有身着鲜卑服饰的供养人。整体仍受大同云冈石窟二期造像风格影响。

始平公像一區

夫靈跡□□，戒則舉宗，□尋容像不束□，□栄此心□

真□容□，道狂文下，□誓工大代，慈□切□

匪刊玄石，□十地□，父母□照別不□，道場□震，慧鄉則大千斯□

國造石窟刊□，始平公造石像一區，覺□神飛□

准此正慧□□，森蒼□□，奄鳥竟放，仰項父□

大夫洛州刺□，始平公造石像一，顯以雅射□

元世師□三槐柳秀九□□昭雪云敕五□道場靈騰□咸同斯願□若悟洛□

太和廿二年九月十四日訖

朱義章書 孟達文

古阳洞北壁始平公造像龛及题记现状

一〇

始平公造像 题记拓片

北魏 太和二十二年（498）
长 89 厘米 宽 39 厘米
龙门石窟西山古阳洞
龙门石窟研究院藏

Stele of Shipinggong Statue (Rubbing)

The 22nd Year of Taihe Period, Northern Wei Dynasty (A.D. 498)
Length:89cm Width:39cm
Guyang Cave in Longmen West Hill
Longmen Grottoes Academy

该龛为一佛二菩萨三尊式组合，北魏太和二十年（498）造。主佛着右袒式袈裟，肩外加偏衫，具有中亚服饰特征，二菩萨胁侍两侧。龛楣镌刻华丽的璎珞华绳，拱柱雕出承托的四臂力士，其形象可追溯至希腊神庙建筑中的柱像，下槛密雕西亚风格的缠枝纹图案，具有犍陀罗高浮雕造型的浓郁风格；重层下槛内供养人造像则均着夹领小袖的鲜卑式服饰，由此可见在佛教艺术领域内西域文化与鲜卑早期文化的融合现象。龛左侧造像题记则为标准的魏碑书法。

全称为《比丘慧成为亡父始平公造像题记》，太和二十二年（498），由孟达撰文，朱义章书，刻于古阳洞北壁，铭刻了比丘慧成为亡父造像的缘由及其愿望。

乾隆年间金石学者黄易将其置于龙门造像题记之首。该题记界格方严，阳文镌刻，在历代石刻中十分罕见。书法于朴茂之中见透达，于刚健之中见秀逸。清代碑学大家赵之谦誉为"北碑遗像中最佳者"。

拓片释文

始平公像一区。夫灵踪□启，则攀宗靡寻；容像不陈，则崇之必□。是以真颜□于上龄，遗形敷于下叶。暨于大代，兹功厥作。比丘慧成，自以影濯玄流，邀逢昌运，率渴诚心，为国造石窟□□，系答皇恩，有资来业。父使持节、光禄大夫、洛州刺史始平公，奄焉薨，放仰慈颜，以摧躬□，匪乌在□，遂为亡父造石像一区。愿亡父神飞三□，智周十地，□玄照，则万有斯明。震慧向，则大千斯瞩。元世师僧，父母眷属，凤翥道场，鸾腾兜率。若悟洛人间，三槐独秀，九棘云数。五有群□，咸同斯愿。太和廿二年九月十四日记。朱义章书，孟达文。

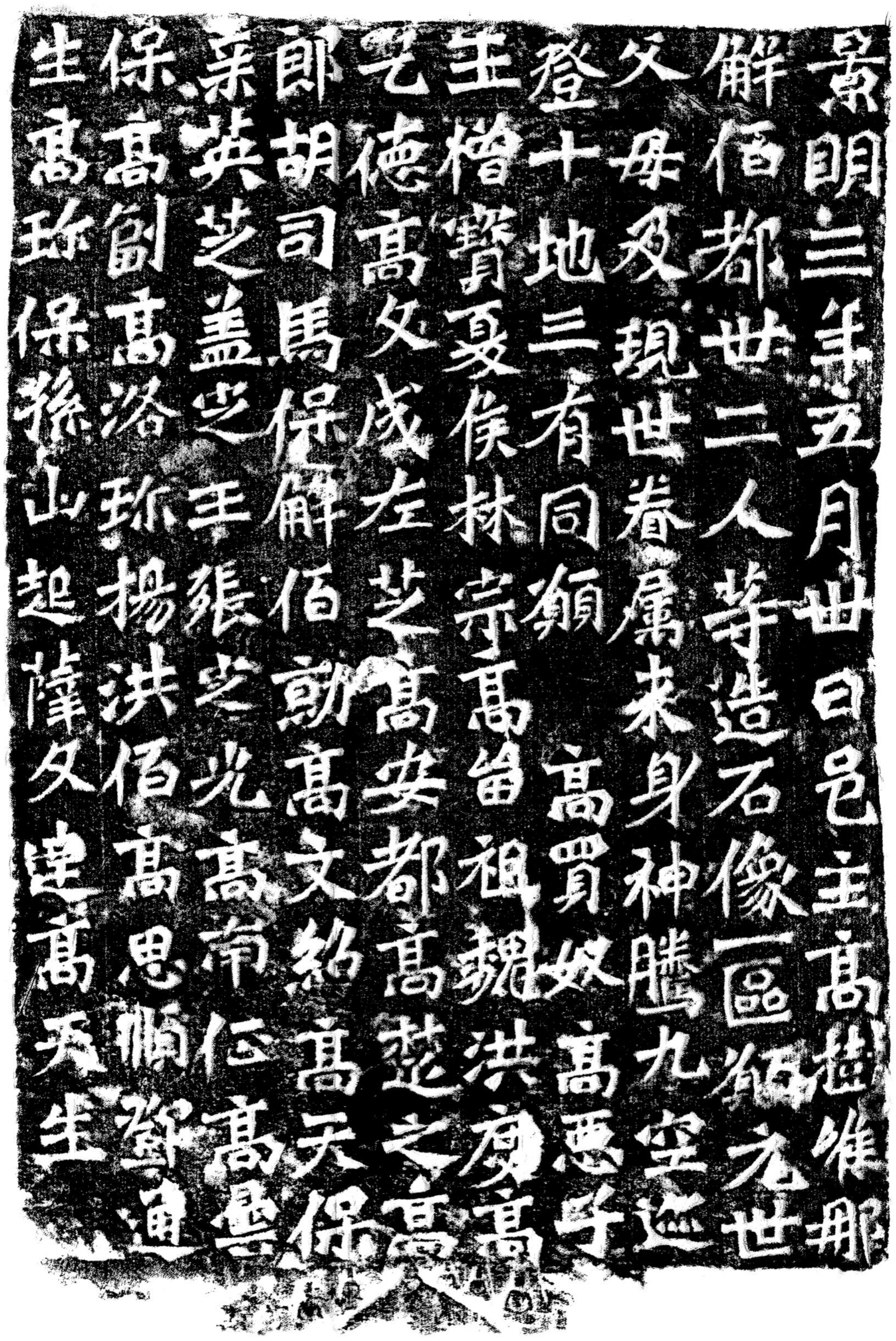

景明三年五月卅日邑主高樹唯那
解佰都世二人等造石像一區頫龍光世
父母及現世眷屬來身神騰九空迴世
登十地三有同頫高買奴高惡子
主檜寶夏矦林宗高畄祖魏洪廌高夏
藝德高父戌左芝高安都高楚之高夏
郎胡司馬保解佰勳高文紹高天具保
親英芝盖之王張之光高市仁高天具
保高副高洛珎揚洪佰高思爛鄧通
生高珎保孫山起薛父建高天生

一一

高树等造像 题记拓片

北魏 景明三年（502）
长 40 厘米 宽 27 厘米
龙门石窟西山古阳洞
龙门石窟研究院藏

Stele of Gao Shu Statue (Rubbing)

The 3rd Year of Jingming Period, Northern Wei Dynasty (A.D. 502)
Height:40cm Width:27cm
Guyang Cave in Longmen West Hill
Longmen Grottoes Academy

该龛为一佛二菩萨造像，位于龙门石窟古阳洞北壁上层，宣武帝景明三年（502）完工。主尊佛像宽肩、斜披袈裟、偏袒右肩的佛衣风格仍有云冈二期遗风，颇带刚强雄毅的鲜卑民族性格。据已从海外回归的主尊头像，其面容清秀，略带微笑，体现了强烈的南朝"秀骨清像"特征，胁侍菩萨仍有浓郁的西域风格。该龛属于孝文帝迁都洛阳后逐渐向汉化过渡时期的造像。

全称《邑主高树和维那解伯都卅二人等造像记》，景明三年（502）立，刻于古阳洞北壁，记载了邑主高树、解伯都等三十二人的邑社造像，共同祝愿仙逝父母及现存眷属往生佛国。

拓片释文

景明三年五月卅日，邑主高树唯那解佰都卅二人等造石像一区。愿元世父母及现世眷属，来身神腾九空，迹登十地，三有同愿。（后附供养人名略）

古阳洞北壁高树等造像龛及题记现状

一二

杨大眼造像 题记拓片

北魏 景明正始年间（500—508）
长 93 厘米 宽 40 厘米
龙门石窟西山古阳洞
龙门石窟研究院藏

Stele of Yang Dayan Statue (Rubbing)

Bertween Jingming and Zhengshi Periods, Northern Wei Dynasty
(A.D. 500-508)
Height:93cm Width:40cm
Guyang Cave in Longmen West Hill
Longmen Grottoes Academy

该造像龛为尖楣圆拱形，龛内雕刻一佛二菩萨，主佛着西域式佛衣，施禅定印，结跏趺坐，背光含有坐佛、飞天、火焰数层装饰内容。雕刻手法凝重迟滞，郁郁沉静，具有鲜明的犍陀罗艺术遗风。

主尊佛像脸形瘦长，略呈微笑状，属于典型受南朝影响的"秀骨清像"式风格。龛侧石柱与力士等属外来样式影响；龛楣中间浅雕庑殿顶屋形建筑是典型的汉地装饰题材，反映了迁都洛阳后北魏佛教艺术接受中原传统文化的影响。龛主杨大眼是北魏名将，此龛乃其为孝文帝祈福所造。

全称《杨大眼为孝文皇帝造像题记》，刻于景明正始之际（500—508），位于古阳洞北壁。造像记原碑为盘龙首，正面刻五小龛，圭形碑额上刻"邑子像"三字，这种题额形式颇具特色。碑上文字赞颂了北魏将领杨大眼的显赫军功，并为孝文帝祈福。康有为曾评价此碑书法"若少年偏将，气雄力健，为峻健丰伟之宗"。

拓片释文

邑子像。邑主仇池杨大眼为孝□□文皇帝造。

夫灵光弗曜，大千怀永夜之悲，玄踪不遘，叶生含靡道之忏。是以如来应群缘以显迹，爰暨□□□□像遂著，降及后王，兹功厥作。辅国将军、直阁将军□□□□、梁州大中正、安戎县开国子仇池杨大眼诞承龙曜之资，远踵应符之胤，禀英奇于弱年，挺超群于始冠。其□也，垂仁声于未闻，挥光也，摧百万于一掌。震英勇则九宇咸骇，存恃纳则朝野必附。清王衢于三纷，扫云鲸于天路。南秽既澄，震旅归阙，军次□行，路径石窟，览先皇之明踪，睹盛圣之丽迹。瞩目微霄，泫然流感。遂为孝文皇帝造石像一区，凡及众形，罔不备列。刊石记功，示之云尔。武。

古阳洞北壁杨大眼造像龛及题记现状

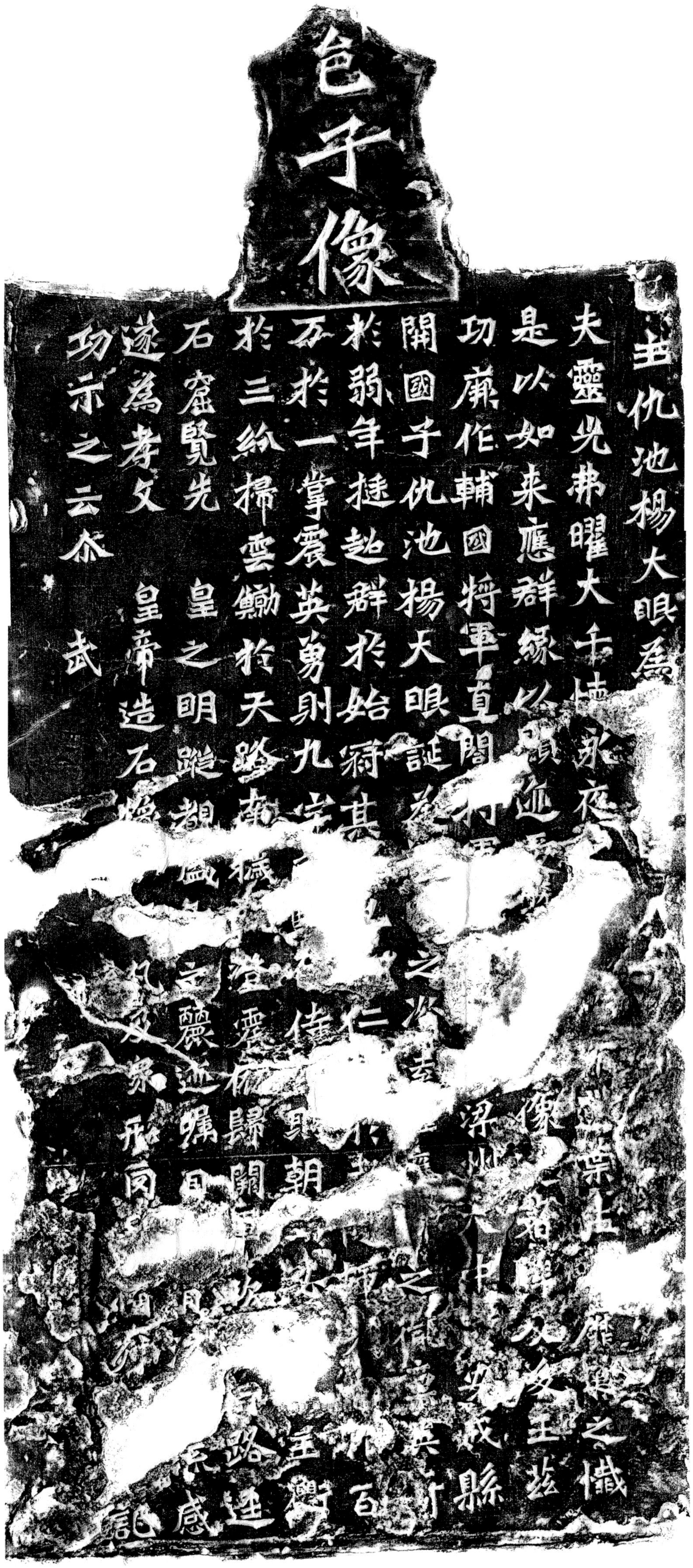

邑子像

邑主仇池楊大眼為

夫靈光弗曜大千□永夜……

是以如來應群緣以□□……

功廓作輔國將軍直閤……

開國子仇池楊大眼誕其……

於弱年挺超群於始冠……

於一掌震英勇剔九宇……

於三紛掃雲勵於天路……

石窟覽先皇之明蹤……

遂為孝文皇帝造石像一……

功示之云尔武

古阳洞北壁杨大眼造像龛及题记现状

一三

魏灵藏造像 题记拓片

北魏（398—534）
长 45 厘米 宽 36 厘米
龙门石窟西山古阳洞
龙门石窟研究院藏

Stele of Wei Lingcang Statue (Rubbing)

Northern Wei Dynasty (A.D. 398-534)
Height:45cm Width:36cm
Guyang Cave in Longmen West Hill
Longmen Grottoes Academy

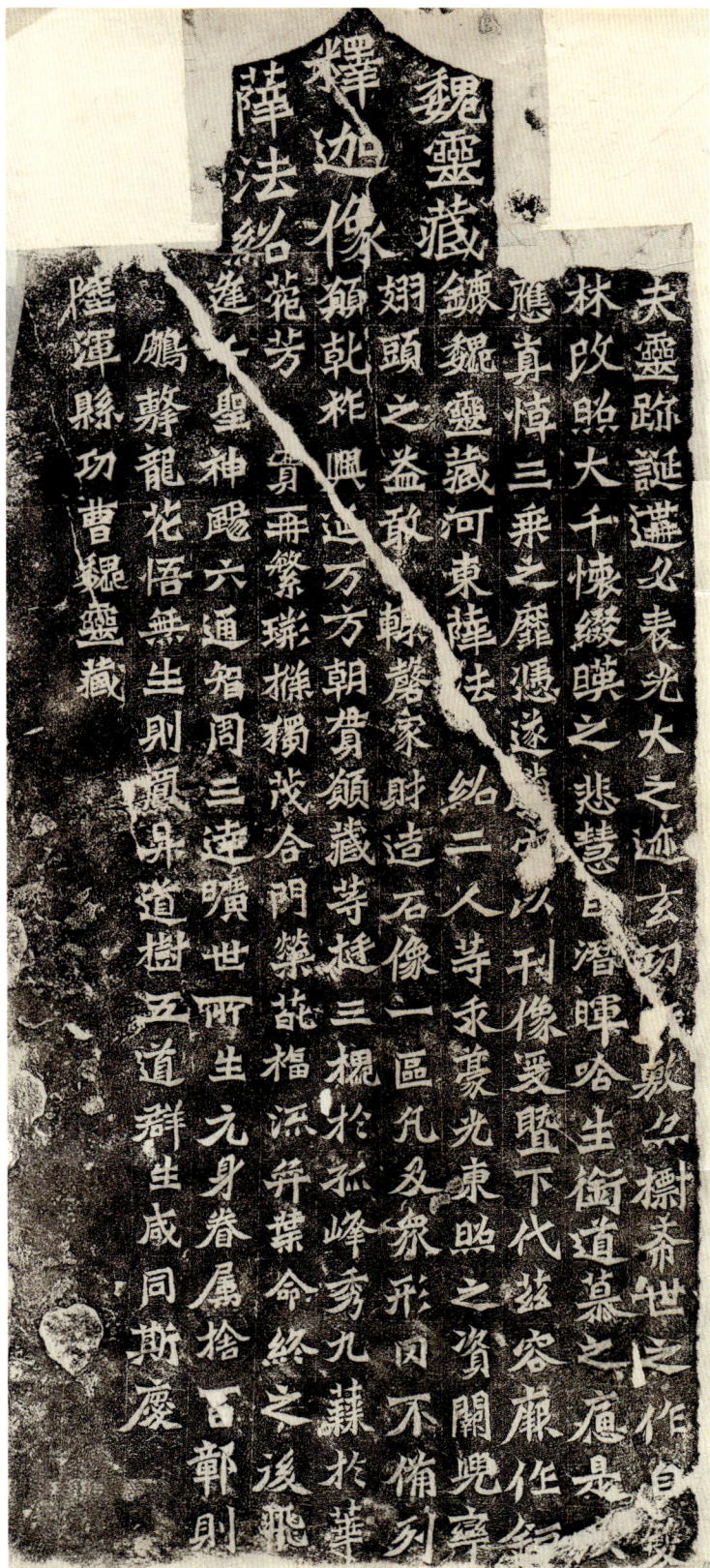

魏灵藏造像记旧拓本

（资料来源：《魏灵藏造像记》，上海书画出版社，2008 年）

此龛与杨大眼龛一样具有浓厚的犍陀罗艺术风格。主尊龛像背光间刻有最早出现于龙门石窟的维摩变造像，维摩居士手执麈尾，与文殊菩萨弹指论道，反映了南朝玄学推崇的维摩洁形象逐渐为北魏社会所崇尚，这是孝文帝推行汉化改革的艺术反映。

龛楣刻牵华绳璎珞童子像十一身，其渊源是古希腊、罗马的花童图像，自犍陀罗艺术转化而来。龛中间饰龙纹与狮子。龛下槛内供养人造像作褒衣博带的汉族服饰，亦民族融合与南北文化交融的体现。龛右侧造像题记亦为魏碑名品之一。

全称《魏灵藏、薛法绍释迦像造像记》，北魏太和景明初立，刻于古阳洞北壁。额中竖题"释迦像"，左题"薛法绍"，右题"魏灵藏"。碑上文字记录了造像者官职、姓名、籍贯及发愿祈福的祷语。

拓片释文

夫灵迹诞遘，必表光大之迹；玄功既敷，亦标希世之作。自双林改照，大千怀缀映之悲；慧日潜晖，哈生衔道慕之思。是以应真，悼三乘之靡凭，遂腾空以刊像。爰暨下代，兹容厥作，钜鹿魏灵藏、河东薛法绍二人等，求豪光东照之资，阙兜率翘头之益，敢辄罄家财，造石像一区，凡及众形，固不备列。愿乾祚兴延，万方朝贯，愿藏等挺三槐于孤峰，秀九棘于华苑；芳实再繁，荆条独茂，合门荣葩，福流奕叶，命终之后，飞逢千圣，神扬六通，智周三达，旷世所生。元身眷属，舍百郭则鹏击龙花，悟无生则凤升道树。五道群生，咸同斯庆。陆浑县功曹魏灵藏。（据嘉庆年间拓片补录）

東都政治

唐皇室与龙门石窟造像的鼎盛

唐朝是中国古代历史上国际化程度最高、影响最大、政治最强盛的统一王朝，中西文明交流与民族大融合都达到了全新的高度。初盛唐时期，陆上丝绸之路畅通，东西文明之间的国际往来频繁，佛教文化艺术也达到了历史上的高峰。洛阳自唐高宗时期始为帝国东都，继隋代后重新回到政治文化中心舞台，龙门石窟也迎来了空前规模的开窟造像运动。

唐王朝皇室贵族大多支持佛教的发展，在国家支持下，佛经翻译、兴建寺院与造像颇为兴盛。唐高宗与武皇后共同营建龙门石窟奉先寺大卢舍那佛龛。武周代唐后，武则天定都洛阳，大力资助龙门石窟造像的雕凿。盛唐时期，高力士等人在大卢舍那佛组像间开龛造四十八尊无量寿佛等身像为玄宗祈福。初盛唐时的龙门石窟是唐皇室贵族崇佛与宗教政治活动的重要体现，造像以丰满健壮为美，在吸收西方雕刻艺术风格基础上加以中国艺术精神，更彰显了大唐雍容华贵的审美与兼容并蓄的恢宏气势。中晚唐后龙门造像屈指可数，造型艺术也大为衰减。

The Eastern Capital Politics of the Tang

Tang royal family and the prosperity of statues in Longmen Grottoes

The Tang Dynasty was the united dynasty with the highest degree of internationalization, the greatest influence, and the most powerful politics in ancient Chinese history. The exchanges of civilizations between China and the West, and the integration of nationality have reached a whole new level. In the early period of Tang Dynasty, the Silk Road on the land was open and smooth. The international interactions between Eastern and Western civilizations were frequent, and Buddhist culture and art reached a historical peak. Luoyang had been the eastern capital of the empire since Emperor Gaozong of the Tang Dynasty. After the Sui Dynasty, it has returned to the central stage of politics and culture.

Most of the royal nobles of the Tang Dynasty supported the development of Buddhism. With the support of the state, the translation of Buddhist scriptures, the construction of temples and statues prospered. Emperor Gaozong of Tang and Empress Wu jointly built the Vairocana Buddha of Fengxian Temple in Longmen Grottoes. After Wu Zetian founded her short-lived Wu Zhou dynasty, she made Luoyang the Capital and greatly funded the carving of Longmen Grottoes. Later in the heyday of the Tang Dynasty, the powerful eunuch Gao Lishi and others constructed a niche near the large statue of Vairocana Buddha, and built there life size statues of Amitabha and related Buddhist figures to pray for Emperor Xuanzong. In the Early Tang and High Tang periods, the Longmen Grottoes were an important manifestation of the Tang royal family's worship of Buddhism and religious politics. The statues of these periods took fullness and robustness as beauty, and integrated Chinese artistic spirit with the Western carving art style, which further demonstrated the graceful and luxurious aesthetics and the inclusive grandeur of the Tang Dynasty. In the middle and late Tang Dynasty, there are only a handful of Longmen statues, and the plastic arts greatly declined.

一四

佛坐像

盛唐（8世纪前期）
像高 120.5 厘米 宽 82.5 厘米 厚 58 厘米
底座高 60 厘米 宽 97 厘米 厚 69 厘米
社会征集
龙门石窟研究院藏

Figure of Sitting Buddha

Tang Dynasty (the Early 8 Century)
Statue Height:120.5cm Width:82.5cm Thickness:58cm
Base Height:60cm Width:97cm Thickness:69cm
Collected from the Public
Longmen Grottoes Academy

佛像结双跏趺坐于八角形束腰莲座上，从残断的手势上推测当作说法印。采用唐代龙门常用的螺发高肉髻，脸颊丰腴圆润、青莲目、樱唇、莞尔微笑，身着通肩式袈裟，裙裾覆垂于台座，衣纹流畅而有韵律感，莲瓣宽厚饱满，刀法雄健刚劲，可谓具足"三十二相，八十种好"。

唐代佛像往往表现所谓"绀发白豪""莲目果唇""月容贝齿"等相好特征。"莲目"即眼睛似青莲花叶修而广，"果唇"即佛唇似频婆果之赤好。南朝僧祐《广弘明集》卷三曰："白毫绀睫之辉，果唇华目之丽。"据唐王勃《释迦佛赋》（《全唐文》卷一七七）中云："目容修广于青莲，寒生定水；毫相分明于皓月，照破迷云。"又王勃《梓州飞乌县白鹤寺碑》（《全唐文》卷一八四）："故能果唇间发，莲眸周映。贝齿含滋，璿毫起照。三十二相，临玉座以相辉；八十四仪，拥金山而圆立。"又佚名《弥勒像碑》（《全唐文》卷九八九）文称佛造像："莲目疑动，果唇似说"；晚唐李商隐《上河东公第二启》文谓："报恩于莲目果唇，夺美于江毫蔡绢。"凡此种种，绀发白豪、莲眸果唇、月容贝齿等皆用于形容佛像的重要特征。

龙门石窟及周边区域寺院多与皇室贵族及重要僧人相关。从风格与雕刻技法上判断，该佛像与龙门石窟东山看经寺洞窟中心台上坐佛相类，造像整体采用圆雕，雕刻倾向写实主义表达，技术精湛，成熟稳重，体现盛唐时期皇室贵族造像的雍容典雅与宏伟气势，当出自龙门石窟或附近寺院。唐帝国的统一与强盛保障了丝绸之路的畅通，东西方之间政治、贸易与文化艺术往来频繁，西方僧人东来传法与中国僧人西行求法相互交流，初唐造像在接受外来造像影响的同时，更多地表现了唐人开放包容的精神气度与艺术创造力，显示出强烈的世俗化与浪漫主义特征。

看经寺内景

佛坐像

盛唐（8 世纪前期）
像高 170 厘米 宽 106.5 厘米 厚 72.5 厘米
座高 87.5 厘米 宽 108 厘米 厚 85 厘米
社会征集
龙门石窟研究院藏

Figure of Sitting Buddha

Tang Dynasty (Early 8 Century)
Statue Height:170cm Width:106.5cm   Thickness:72.5cm
Base Height:87.5cm   Width:108cm Thickness:85cm
Collected from the Public
Longmen Grottoes Academy

　　该佛像结双跏趺坐于八角形束腰莲座上，肉髻螺发，脸颊丰满圆润，莞尔微笑。身着通肩式袈裟，裙裾覆垂于台座，衣纹刚劲而有节奏，交错运刀，富于韵律感。右手应施无畏印，左手扶膝。这类姿势造像在龙门石窟初盛唐时期多为西方阿弥陀佛或释迦佛像。

　　整尊佛像塑造典雅庄重，在吸收外来风格的基础上赋予形神兼备的中国艺术精神，展现了盛唐的自信雍容的恢宏气度。如此大体量与精彩的造像，需要投入相当的人力与财力，很可能是洛阳皇室贵族出资所造。

　　佛教造像莞尔微笑常在文献中有记载。南朝梁刘孝仪《雍州金像寺无量寿佛像碑》文曰："似含微笑，俱注目于瞻仰；如出软言，或倾耳于谛听。"唐苏颋《唐长安西明寺塔碑》（《全唐文》卷二五七）言及玄奘主持该工程："于是召以正，工以考，安瑞表，湛真容，绣色屯□延，金光火合，移忉利之宫，镇菩提之座，状微笑而莞尔，意屡言于善哉者，不可胜计。"龙门石窟造像记文中亦有多处类似"莞尔微笑"的描述。如张说《龙门西龛苏合宫等身观世音菩萨像颂》（《全唐文》卷二二二）文曰："谛视瞻仰，将莞尔而微笑；倾心摄听，疑偬然而有声。"又唐孟利贞《龙门敬善寺石龛阿弥陀佛观音大士二菩萨像铭》（《唐文续拾》卷一）文云："莲眸若视，果靥如笑。"这种近乎世俗表情的微笑正是大唐自信精神的艺术再现。

一六

佛坐像

唐（618—907）
高 205 厘米 宽 85 厘米
社会征集
龙门石窟研究院藏

Figure of Sitting Buddha

Tang Dynasty (A.D. 618-907)
Height:205cm Width:85cm
Collected from the Public
Longmen Grottoes Academy

　　该佛坐像为圆雕连体造像。佛发为涡旋纹，肉髻高凸，正面涡旋纹呈"品"字形结构。佛像脸部丰腴饱满，莞尔微笑，呈沉思冥想状。佛双跏趺坐于八边形束腰台座上，身着覆右肩袈裟，胸部骨肉凹凸有致，具有强烈的写实性风格。左手抚右膝盖，残缺右手似作施无畏印，常见于初唐阿弥陀佛与释迦牟尼佛像上。

　　袈裟衣纹紧贴佛身，悬裳垂搭于八边形台座前，衣纹线条婉转，紧贴莲台座上，简约流畅，运刀与绘画"笔断意不断"有异曲同工之妙，属于初盛唐时期的作品，彰显了龙门石窟工匠雕刻的高超技艺。这类表现手法与龙门石窟敬善寺（第404窟）如来坐像颇为相似。

一七

佛坐像

盛唐（8 世纪）
高 101 厘米 宽 56 厘米 厚 56 厘米
1958 年龙门石窟西山奉先寺遗址出土
龙门石窟研究院藏

Figure of Sitting Buddha

Tang Dynasty (8th Century A.D.)
Height：101cm Width：56cm Thickness：56cm
Excavated from Fengxiansi Temple Site in Longmen West Hill (1958)
Longmen Grottoes Academy

　　该佛像螺发高肉髻，面相丰腴饱满，莞尔微笑。身着双领下垂袈裟，胸前露出僧祇支，内系绅带。右手作施无畏印，左手抚膝，结跏趺坐于束腰莲台座上。

　　整尊造像既典雅庄重又气势恢宏，衣纹与佛座莲瓣刚劲流畅，彰显大唐雍容自信的精神气度。据龙门石窟现存初唐阿弥陀佛造像姿态推测（如龙门西山万佛洞主尊阿弥陀佛像手印姿势、袈裟样式皆与该尊一致），该尊亦或为阿弥陀佛造像。

　　净土信仰盛行于皇家造像胜地龙门石窟，如潜溪寺、万佛洞、西方净土变龛、高平郡王洞等一大批窟龛主尊都属阿弥陀佛造像。唐人不再像北朝时期那样专注于描摹佛陀本生故事与舍身求法的种种因缘，而更多是将信仰的热情与艺术的创造力付诸佛教的理想国——西方极乐净土世界，充分展现了佛教世俗化的影响，也是盛唐现实主义与浪漫主义精神的体现。

　　这类袈裟是北齐法上改革后流行的中西融合样式，既保留外来袈裟的一些特征，又有褒衣博带的汉地内涵，唐代继承和沿用了这一样式。圆柱形束腰莲花台也是龙门石窟流行的佛座，尤其是多重宽大莲花为佛座的装饰，饱满有力，瓣尖翘起。坐佛以宽大多重莲花为束腰形台座始见于隋代，唐代佛菩萨造像中常见且流行。莲花台座成为此后佛教造像的经典样式。

龙门石窟万佛洞内景

一八

佛坐像

唐（618—907）

高 124 厘米

社会征集

龙门石窟研究院藏

Figure of Sitting Buddha

Tang Dynasty (A.D. 618-907)

Height:124cm

Collected from the Public

Longmen Grottoes Academy

该尊佛像为单体圆雕造像，螺发高肉髻，面容丰腴饱满，莞尔微笑；身着圆领通肩袈裟，紧贴身体，水波状衣纹随身体轮廓起伏。佛左右抚膝，残缺右手似施无畏印，结双跏趺坐于束腰莲花台座上，束腰为宝珠装饰。

这与武则天长安光宅寺七宝台部分佛座样式一致，佛像整体具有典型的写实性，丰腴饱满，应为盛唐 8 世纪前后的造像，属于唐皇室造像风格。

佛立像

唐（618—907）
像高 202 厘米 宽 62 厘米 厚 56 厘米
1982 年龙门东山擂鼓台南洞外南侧出土
龙门石窟研究院藏

Figure of Standing Buddha

Tang Dynasty (A.D. 618-907)

Statue Height:202cm Width:62cm Thickness:56cm

Excavated around Leigutai South Cave in Longmen East Hill (1982)

Longmen Grottoes Academy

这尊造像头部和腿部有修补。面略长而圆润、眼睑稍厚，与奉先寺（第 1280 窟）主尊如来头部相同，身穿通肩大衣，立于莲台上。造型严谨，应属 8 世纪前期制作。

据学者研究，该尊造像原位于万佛沟高平郡王洞（第 2144 窟），早期被破坏后埋藏于擂鼓台南洞南侧。1982 年修建东山石刻陈列廊时被清理出土，因深埋地下未经自然腐蚀与人为破坏，所以是龙门石窟中保存最完好的一身唐代石雕立像。然而 1997 年，此像曾因被盗导致缺损。

7 世纪晚期至 8 世初，龙门石窟立佛像颇流行这类下方尖角的袈裟装饰，最集中的是大卢舍那佛像龛壁龛间分布的多组佛像，很大一部分都采用了尖角袈裟样式。这类尖角状袈裟最早可渊源自地中海希腊、罗马的雕塑，又见于中亚与犍陀罗地区，再传至中国新疆，然后传至中土。四川万佛寺出土南朝造像已见这类佛衣，唐代西蜀地区也流行尖角佛衣。

龙门石窟大卢舍那佛壁龛造像

佛立像

唐（618—907）

像高 204 厘米

龙门奉先寺遗址出土

龙门石窟研究院藏

Figure of Standing Buddha

Tang Dynasty (A.D. 618-907)

Statue Height: 204cm

Excavated from Fengxiansi Temple Site

Longmen Grottoes Academy

　　该尊为圆雕立佛像，螺发高肉髻，身着圆领通肩袈裟，立于莲花台上。眼眉低垂微睁，面容丰腴饱满，小嘴莞尔微笑，胸部微挺，腹部略凸，呈现出更加世俗化的面容。袈裟纹理似水波状，自然下垂贴体，衣纹采用减地雕刻技法。双手似施无畏与愿印。整体精神气韵与盛唐有别，身体结构与线条略显柔弱，似为中唐造像。

二一

佛立像

唐（618—907）

高 181 厘米

社会征集

龙门石窟研究院藏

Figure of Standing Buddha

Tang Dynasty (A.D. 618-907)

Height:181cm

Collected from the Public

Longmen Grottoes Academy

该佛像为圆雕造像，螺发高肉髻、面容饱满、眼半睁、额上白毫（内嵌宝珠已失），果唇欲说之容。胸膛挺阔，腹部微鼓，内着袒右僧祇支，外为敷搭双肩下垂式袈裟，内结绅带又为褒衣博带式，左肩外加钩钮装饰，下部佛衣纹采用减地平推刀法，纹饰交错如波状。佛左手轻捉袈裟衣角，右手当施无畏印，跣足立于莲台之上。整尊造像衣纹相对而言位置处理得当，颇有精神，但又不及盛唐之流畅爽利，大概属于中晚唐龙门造像。这类佛衣在唐代颇为常见，也是流行样式之一。

二二

造像残件

唐（618—907）
高 71.5 厘米 宽 60 厘米 厚 26.5 厘米
社会征集
龙门石窟研究院藏

Figure of Buddha

Tang Dynasty (A.D. 618-907)
Statue Height:71.5cm Width:60cm Thickness:26.5cm
Collected from the Public
Longmen Grottoes Academy

　　该造像残存上半身，着钩钮式袈裟，胸部肌肉写实性强，腹部鼓出，袈裟衣纹轻薄贴体。这类袒胸鼓腹的佛像是盛唐8世纪左右的造像风格，显示了唐人在吸收融汇外来风格后雍容大度、开放率性的个性表达。

　　钩钮袈裟见于《四分律》、唐义净《南海寄归内法传》、唐道宣《释门章服仪·缝制裁成篇》等相关文献记载。据研究，钩钮式佛像也见于印度，但垂在肩后。中国钩钮式佛衣始见于东魏、北齐时期，钩钮则置左胸前。隋唐时期钩钮式佛衣颇为流行，河北、河南、山西、甘肃、四川等地石窟与出土造像中都能见到。龙门石窟宾阳南洞贞观十五年（641）正壁主尊与卢舍那大佛龛壁龛部分立佛都属钩钮式佛衣造像。

　　唐代袈裟前钩后钮，以示庄严威仪，但位置也常与律经相异。故唐道宣《感通传》载："三衣之钩纽也，前去缘四指施钩，后八指施纽。以右角挑左肩上，纽缀于前钩。今则一倍反之，岂是教文所许？但以凡僧识想，凭准正教，及以见缘如前差违，赐垂箴诲，诸非人等，咸皆默然。"

参考文献

① 马世长《汉式佛像袈裟锁议——汉化佛教图像劄记之一》，《艺术史研究》第七辑，中山大学出版社，2005年。
② 费泳《中国佛教艺术中的佛衣样式研究》，中华书局，2012 年，第 381—392 页。

二三

优填王造像

初唐（7世纪）
高114厘米 宽54厘米 厚41厘米
1980年龙门石窟西山敬善寺洞附近发现
龙门石窟研究院藏

Figure of Udrayana Buddha

Tang Dynasty (7th Century)
Height：114cm Width：54cm Thickness：41cm
Excavated around Jingshansi Cave in Longmen West Hill (1980)
Longmen Grottoes Academy

此尊优填王像高肉髻，身着薄衣右袒，倚坐在素面方座上，双足踏在莲台上。这种造像多与窟龛分开制作，像成后置入，因此绝大多数被盗，现存甚少。造像薄衣贴体，衣纹极简，具有印度笈多式风格。

近代学者汤用彤先生曾言："立塔则称道阿育，画像必本诸优填。"优填王像被佛教誉为"众像之始"，相传为古印度憍赏弥国的优填王因思慕释迦佛而以旃檀造佛像，佛教视为释迦真容，造像之始，传至汉地也成为"君主有道"的重要标志，《经律异相》《增一阿含经》《大唐西域记》《法苑珠林》等佛教典籍多有记载。尚永琪认为，优填王像故事的出现应是佛教由早期法轮、塔墓崇拜向"造像功德"转化时期产生的一种系统的"故事杜撰"，推动了佛教造像的发展。优填王造释迦像大概可分为两种即"优填王瑞像"与"优填王像"，前者即多见诸南北朝以来的文献与敦煌壁画的优填王造释迦旃檀瑞像，身着"U"形"出水式"衣纹、通肩袈裟的立姿佛像；后者即见于龙门石窟与巩义石窟的优填王造倚坐释迦佛像，典型印度笈多艺术，薄衣贴体风格袈裟。

优填王瑞像自南朝传入以来便闻名华夏。梁武帝天监十八年（519），扶南国进贡"天竺旃檀瑞像"，供奉于金陵瓦官阁，后安置于荆州大明寺，这是南朝乃至唐宋皇帝模造供养的"优填王旃檀瑞像"之渊源。唐人《梁书》、道宣《续高僧传》、段成式《寺塔记》乃至宋人蔡绦《铁围山丛谈》等文献均有记载。日本入宋求法僧奝然所带模刻优填王释迦旃檀瑞像现存京都嵯峨清凉寺。

龙门石窟优填王像主要流行于7世纪中后期，即唐高宗与武则天时期，可能直接与贞观十九年（645）玄奘求法带回优填王像有关。据《大唐西域记》卷五"憍赏弥国"中载："城内故宫中有大精舍，高六十余尺，有刻檀佛像，上悬石盖，邬陀衍那王（唐言出爱。旧云优填王，讹也）之所作也。灵相间起，神光时照。诸国君王恃力欲举，虽多人众，莫能转移，遂图供养，俱言得真，语其源迹，即此像也。初，如来成正觉已，上升天宫，为母说法，三月不还。其王思慕，愿图形像。乃请尊者没特伽罗子以神通力接工人上天宫，亲观妙相，雕刻旃檀。"玄奘摹刻带回"拟憍赏弥国出爱王思慕如来刻檀写真像刻檀佛

像一躯，通光座高二尺九寸"，从记录可知其为优填王坐像。

据相关学者初步统计，龙门石窟优填王像至少有四十二处共七十尊以上，属全国之最。据相关造像记显示，最早纪年是永徽六年（655），最晚纪年是调露二年（680），大多集中在西山宾阳三洞、敬善寺至摩崖三佛龛区域。初唐禅宗五祖法如于永昌元年（689）圆寂后："诸受业沙门北就高顶，起塔置石优填王释迦像并累师之行状，勒在佛碑。"本书中收录的《元珪纪德幢》中的元珪即为法如传衣钵弟子，可见初唐禅宗僧人亦对优填王像有着特殊的崇信。龙门石窟优填王像或均为模仿玄奘大师带回印度蓝本所雕刻，具有印度萨拉纳特艺术薄衣贴体的"湿衣派"风格，反映了龙门初唐石窟艺术与中印文化交流的关系。

参考文献

① 〔唐〕慧立、彦悰《大慈恩寺三藏法师传》卷六，中华书局，1983年，第126—127页。

② 尚永琪《优填王旃檀瑞像流布中国考》，《历史研究》2012年第2期，第163—173页。

③ 张乃翥《龙门石窟与西域文明》，中州古籍出版社，2006年，第88页。

④ 曾现江《优填王旃檀瑞像入燕始供地再探》，《五台山研究》2019年第1期（总第138期），第26—31页。

优填王像残件

唐 咸亨三年（672）
高 80 厘米 宽 70.5 厘米 厚 46 厘米
社会征集
龙门石窟研究院藏

Figure of Udrayana Buddha Fragment

The 3rd year of Xianheng, Tang Dynasty (A.D. 672)
Height:80cm Width:70.5cm Thickness:46cm
Collected from the Public
Longmen Grottoes Academy

造型整体衣纹简洁贴体，倚坐于方座上，足踏六面束腰方台。底座正面左右各高浮雕一塔形柱，该塔段中长方形龛内均刻一蹲狮。

佛像足踏的石莲台束腰处存有题记，共8列约33字，内容为"咸亨三年／十二月日比／丘道政奉／为□母疹／患敬造愿／法界苍生／有病苦者／悉愿除"。

6 世纪中期 印度阿旃陀石窟第 26 窟石塔前 倚坐佛像

唐 龙门石窟老龙洞 优填王像

唐 龙门石窟敬善寺区 优填王像窟

范家婆造像龛

唐（618—907）

高 54 厘米 宽 47 厘米 厚 15 厘米

1992 年龙门石窟西山 29 号龛出土

龙门石窟研究院藏

Fanjiapo Niche

Tang Dynasty (A.D. 618-907)

Height:54cm Width:47cm Thickness:15cm

Excavated from Niche 29 in Longmen West Hill (1992)

Longmen Grottoes Academy

该龛原镶嵌在龙门石窟西山第 29 窟前室南壁，出土时左上角断开，现已修复。龛内造一佛二菩萨，三尊造像面部均残破，主尊结跏趺坐，二胁侍菩萨站立于莲台上。龛下长方格内中间置博山炉，两侧各一狮子一供养人。佛龛与洞窟同是盛唐时期的作品。

二六

佛头龛像

唐（618—907）

高 26 厘米 宽 16 厘米 厚 20 厘米

2008 年龙门石窟东山擂鼓台区窟前建筑遗址出土

龙门石窟研究院藏

Head of Buddha

Tang Dynasty (A.D. 618-907)

Height:26cm Width:16cm Thickness:20cm

Excavated around Leigutai Three Caves in Longmen East Hill (2008)

Longmen Grottoes Academy

　　该造像螺发肉髻，脸部丰满，呈低眉冥想之姿。上方残存部分造像龛样式。

二七

残佛龛

唐（618—907）

高 36.2 厘米 宽 33 厘米

2000 年龙门石窟奉先寺遗址出土

龙门石窟研究院藏

The Incomplete Niche

Tang Dynasty (A.D. 618-907)

Height:36.2cm Width:33cm

Excavated from Fengxiansi Temple Site in Longmen West Hill (2000)

Longmen Grottoes Academy

　　该佛像龛残损，应为一佛二菩萨龛。主尊佛磨光高肉髻，面容饱满，身着圆领通肩袈裟，腹部微鼓，双手似结禅定印，结双跏趺座，跏趺下部悬裳呈山字形覆于莲台上。右侧菩萨体态婀娜，上身裸露，下身着裙，帔帛绕肩，跣足站立于莲台上。整体面貌丰腴多姿，属于 8 世纪左右造像龛。

二八

佛头像

唐（618—907）

高 39 厘米 宽 25.5 厘米 厚 28.2 厘米

2000 年龙门石窟西山奉先寺遗址出土

龙门石窟研究院藏

Head of Buddha

Tang Dynasty (A.D. 618-907)

Height:39cm Width:25.5cm Thickness:28.2cm

Excavated from Fengxiansi Temple Site in Longmen West Hill
(2000)

Longmen Grottoes Academy

　　该佛造像右旋螺发，高肉髻，面相丰腴圆润，眼微睁，莲目月面，莞尔微笑，呈冥想之态，可谓形神俱佳，显示了初唐高超的雕刻工艺。

二九

佛头像

唐（618—907）
高 17.5 厘米 宽 13 厘米 厚 13 厘米
2017 年龙门石窟东山香山寺遗址出土
龙门石窟研究院藏

Head of Buddha

Tang Dynasty (A.D. 618-907)
Height:17.5cm Width:13cm Thickness:13cm
Excavated from Xiangshansi Temple Site in Longmen East Hill
(2017)
Longmen Grottoes Academy

　　该佛造像右旋螺发，低矮肉髻，脸部丰满，眼半睁，呈慈悲低眉冥想之姿，现自信觉悟之态。

三〇

佛头像

唐（618—907）
高 21 厘米 宽 13.5 厘米 厚 14.5 厘米
2000 年龙门石窟西山奉先寺遗址出土
龙门石窟研究院藏

Head of Buddha

Tang Dynasty (A.D. 618-907)
Height:21cm Width:13.5cm Thickness:14.5cm
Excavated from Fengxiansi Temple Site in Longmen West Hill (2000)
Longmen Grottoes Academy

　　该佛造像涡旋纹发，高肉髻，面容丰腴圆润，眉眼细长，果唇含笑，呈现雍容闲适之貌。

佛半身像

唐（618—907）
高 29 厘米 宽 23 厘米 厚 10 厘米
2000 年龙门石窟西山奉先寺遗址出土
龙门石窟研究院藏

The Bust of Buddha

Tang Dynasty (A.D. 618-907)
Height:29cm Width:23cm Thickness:10cm
Excavated from Fengxiansi Temple Site in Longmen West Hill
(2000)
Longmen Grottoes Academy

　　该佛造像呈品字形涡旋纹发，肉髻高凸。莲目低垂，面容饱满，莞尔微笑，显得静穆庄严。身着圆领通肩大衣，从右肩向左肩围绕，应为盛唐时期作品。

千佛残件

唐（618—907）

高 57 厘米 宽 46 厘米 厚 19.5 厘米

2000 年龙门石窟西山奉先寺遗址出土

龙门石窟研究院藏

Fragment with Figures of Thousand Buddhas

Tang Dynasty (A.D. 618-907)

Height:57cm Width:46cm Thickness:19.5cm

Excavated from Fengxiansi Temple Site in Longmen West Hill (2000)

Longmen Grottoes Academy

该件为千佛装饰残块，为奉先寺遗址出土的多件造像碑断块之一。百余圆拱形小佛龛整齐排列，内均雕刻一高 3.5 厘米的结跏趺坐佛像、服饰、造型、手印儿近相同，均高肉髻，双目微闭，着袒右肩袈裟，双手施禅定印，神态肃穆温和。

北朝隋唐时期，千佛造像十分盛行，千佛碑也较为常见，龙门石窟更是流行。尤其是著名的万佛洞内雕刻一万五千尊小佛像，堪为初唐巨制。该洞窟是在宫中二品女官姚神表和内道场智运禅师主持下开凿的，洞内主佛为阿弥陀佛，于唐高宗永隆元年（680）完工。其上有刻铭："大唐永隆元年十一月三十日成，大监姚神表，内道场智运禅师，一万五千尊像一龛。"

唐 千佛造像 龙门石窟韩氏洞

弟子像

盛唐（8世纪）
高 81 厘米 宽 25 厘米 厚 26 厘米
2000 年龙门石窟西山奉先寺遗址出土
龙门石窟研究院藏

Figure of Standing Disciple

Tang Dynasty (8th Century A.D.)
Height:81cm Width:25cm Thickness:26cm
Excavated from Fengxiansi Temple Site in Longmen West Hill
(2000)
Longmen Grottoes Academy

　　佛教弟子像主要指佛左右两侧的迦叶与阿难两弟子。唐代弟子像一般都具有浓厚的写实主义风格，形神俱佳。该弟子头部残损，身穿右衽袈裟，双手拢于腹前袖中，体态悠然闲适，立于仰莲束腰莲台座上。据现存相关造像资料判断，双手合抱于腹前多为唐代弟子阿难像的标准体态之一，故此残像基本可判断为佛弟子阿难像。

三四

弟子头像

唐（618-907）
高 17.5 厘米 宽 8.5 厘米 厚 13 厘米
社会征集
龙门石窟研究院藏

Head of Disciple

Tang Dynasty (A.D. 618-907)
Height:17.5cm Width:8.5cm Thickness:13cm
Collected from the Public
Longmen Grottoes Academy

　　该弟子头像残缺，双目微眄，鼻梁高挺，嘴唇较厚。面部写实，作冥想状，虽残而犹能见神采。此头像脸庞年轻秀气，神闲气定，故而判断或亦为阿难像。

三六

半跏菩萨像

唐（618—907）

高 71 厘米 宽 34.5 厘米 厚 34.5 厘米

2000 年龙门石窟西山奉先寺遗址出土

龙门石窟研究院藏

Figure of Sitting Avalokitesvara

Tang Dynasty (A.D. 618-907)

Height:71cm Width:34.5cm Thickness:34.5cm

Excavated from Fengxiansi Temple Site in Longmen West Hill (2000)

Longmen Grottoes Academy

　　该菩萨右手残损，头顶高髻，戴花形宝冠，发辫披肩，脸颊丰满圆润，身饰帔帛，项饰、串珠璎珞华丽，腰间束大裙，半跏坐于束腰莲花台座上。宽大轻薄的裙裾覆垂于莲台，衣纹刀法交错，自然简约而有韵律。腰部细窄而匀称自然，空间感表现得极为紧凑。从体态来看，整体上成熟稳重，又彰显盛唐的雍容自信与恢宏气度。

　　龙门石窟研究院杨超杰研究员指出此类半跏菩萨可能为地藏菩萨像。据常青等相关学者考证，龙门石窟唐高宗与武则天时期的地藏菩萨像多表现为半跏趺坐且着菩萨装的形象，纪年最早的为药方洞外麟德元年（664）五月六日张君实造。自玄奘译《大乘大集地藏十轮经》后，地藏救度地狱的思想广泛传播开来。此经中称地藏"安忍不动犹如大地，静虑深密犹如秘藏"。龙门石窟地藏菩萨常与观音菩萨一起供养，观音负责救度世间诸多苦难，故称"救苦救难"，而地藏则专为解脱众生六道轮回之苦，尤其是解救地狱之难。观音菩萨、地藏菩萨与阿弥陀佛共同组成中国化的净土三尊像。地藏菩萨形象主要有菩萨装、佛装与沙门装三种，龙门石窟唐代造像中都有流行。龙门石窟半跏坐姿菩萨装地藏像盛行于唐高宗与武周时期，宾阳南洞、万佛洞、敬善寺区、老龙洞、普泰洞以及莲花洞等多处均有菩萨装地藏龛像。

参考文献

① 王惠民《地藏信仰与地藏图像研究论著目录》，《敦煌学辑刊》2005 年第 4 期，第 162—168 页。

② 常青《龙门石窟地藏菩萨及其相关问题》，《长安与洛阳——五至九世纪两京佛教艺术研究》，文物出版社，2006 年，第 602—612 页。

三五

大势至菩萨像

唐（618—907）

高 86.5 厘米 宽 44 厘米 厚 45 厘米

2000 年龙门石窟西山奉先寺遗址出土

龙门石窟研究院藏

Figure of Sitting Mahasthamaprapta

Tang Dynasty (A.D. 618-907)

Height:86.5cm Width:44cm Thickness:45cm

Excavated from Fengxiansi Temple Site in Longmen West Hill (2000)

Longmen Grottoes Academy

该菩萨面部丰腴圆润、肌肉写实，斜披络腋，身饰项圈、帔帛臂钏、腕钏等，胸挂交叉穿璧式串珠璎珞；腰束大裙，腰部细窄而鼓腹，半跏趺坐于束腰莲花台座上。宽大轻薄的裙裾覆盖莲台，衣纹简练流畅，莲瓣刚劲有力。

据刘宋西域三藏畺良耶舍译《佛说观无量寿佛经》载大势至菩萨："此菩萨天冠有五百宝华……顶上肉髻，如钵头摩花，于肉髻上有一宝瓶，盛诸光明，普现佛事，余诸身相如观世音等无有异。"初唐释岸禅师《赞观音势至二菩萨》赞云："观音助远接，势至辅遥迎。宝瓶冠上显，化佛顶前明。俱游十方刹，持华候九生。愿以慈悲手，提奖共西行。"该菩萨发髻中间饰宝瓶，可知此尊是与观音菩萨相对应的大势至菩萨，其与主尊阿弥陀佛、观音菩萨并称为"西方三圣"。半跏趺坐姿（或曰"舒相坐"）菩萨形象很可能是玄奘传来的新样式之一，更具自由张力与世俗化特性，初唐时开始流行。

据敦煌现存壁画与彩塑菩萨形象推测，该大势至菩萨原装应绀青发髻，帔帛络腋皆华丽，且有贴金，嘴带胡须，整体当为"男身女相"，呈现了盛唐雍容华贵与婀娜多姿的菩萨形象。

参考文献

① 王月清、雒少锋《中土大势至菩萨的形象及其信仰——以佛典和民俗为中心的考察》，《世界宗教文化》2012 年第 2 期。

宣

律师云：造像梵相，宋齐间皆唇厚、鼻隆、目长、颐丰，挺然丈夫之相。自唐来，笔工皆端严柔弱，似妓女之貌，故今人夸宫娃如菩萨也。又云：今人随情而造，不追本实，得在信敬，失在法式，但论尺寸长短，不问耳目全具。或争价利，计供厚薄。酒肉饷遗，身无洁净。致使尊像虽树，无复威灵。乃至抄写经卷，惟务贱得。弱笔粗纸，使前工无敬，自心有慢，彼此通贱，法仪减矣。若使道俗存法，造得真似，鸟兽尚不敢污，何况人乎。

——〔北宋〕释道诚《释氏要览》卷中《三宝·造像》

本心若虚空，清净无一物。焚荡淫怒痴，圆寂了见佛。五彩图圣像，

悟真非妄传。扫雪万病尽，爽然清凉天。赞此功德海，永为旷代宣。

——〔唐〕 李白《地藏菩萨赞》

菩萨半跏残像

唐（618—907）
高 61.5 厘米 宽 39 厘米 厚 36.5 厘米
2000 年龙门石窟西山奉先寺遗址出土
龙门石窟研究院藏

Figure of Bodhisattva Fragment

Tang Dynasty (A.D. 618-907)
Height:61.5cm Width:39cm Thickness:36.5cm
Excavated from Fengxiansi Temple Site in Longmen West Hill
(2000)
Longmen Grottoes Academy

　　该菩萨像头部残损，袒露上身，肩绕帔帛，斜披络腋，胸部肌肉写实，腹部鼓出，佩项饰与串珠璎珞绕身，神采光华。腰束大裙，半跏趺坐于圆形束腰仰莲花座上。宽大轻薄的裙裾覆盖莲台，衣纹简练，交错而有韵律感，略隐略现，显得更加轻薄贴体。整尊体态清秀而又雍容大气，展现唐代菩萨形象的开放自信之美。该造像与前件菩萨造像形象基本相似，根据此前研究判断，该尊也很可能属于龙门石窟地藏菩萨造像。

菩萨残像

盛唐（8世纪）

高 50 厘米 宽 25 厘米 厚 11 厘米

2000 年龙门石窟西山奉先寺遗址出土

龙门石窟研究院藏

Bodhisattva Fragment

Tang Dynasty (8th Century A.D.)

Height:50cm Width:25cm Thickness:11cm

Excavated from Fengxiansi Temple Site in Longmen West Hill (2000)

Longmen Grottoes Academy

　　该尊为圆雕菩萨残像，发辫垂覆于双肩，上身裸露，颈部饰桃形项圈，戴臂钏；下身着裙，身饰帔帛为典型盛唐时期的缠绕，平行垂于下身裙上，穿璧式串珠璎珞垂下于腹前呈"X"形，身体略右倾。

　　唐代佛教造像中最具艺术美感也最令人印象深刻的当属各类菩萨像。该尊菩萨像虽残，装饰厚重华丽，雕刻率性流利，胸部腹部肌肉隆起，显得结实有张力，庄严而又不失人间美感，仍能彰显出唐代菩萨造像的雍容华贵与丰腴之美，为典型的盛唐菩萨像。

三九 ▮

菩萨残像

盛唐（7世纪末8世纪初）
高47厘米 宽22厘米 厚13厘米
2000年龙门石窟西山奉先寺遗址出土
龙门石窟研究院藏

Bodhisattva Fragment

Tang (Late 7th-early 8th Century A.D.)
Height:47cm Width:22cm Thickness:13cm
Excavated from Fengxiansi Temple Site in Longmen West Hill
(2000)
Longmen Grottoes Academy

　　该菩萨姿态呈 S 形曲体站立，鬓发垂至两肩，斜披络腋，袒胸露腹，颈饰项圈，帔帛绕身，"垂璎珞以严身"，串珠璎珞从两肩垂挂至腹前交叉，装饰华丽。

　　整尊残件可隐约透见西方艺术传统的影响，肌肉健硕，可见盛唐造像丰腴之美，具有较强的写实主义风格。从风格判断，为 7 世纪末 8 世纪初制作。

四〇

菩萨头像

盛唐（8 世纪）
高 65 厘米 宽 41.5 厘米 厚 27 厘米
2000 年龙门石窟西山奉先寺遗址出土
龙门石窟研究院藏

Head of Bodhisattva

Tang Dynasty (8th Century A.D.)

Height:65cm Width:41.5cm Thickness:27cm

Excavated from Fengxiansi Temple Site in Longmen West Hill
(2000)

Longmen Grottoes Academy

　　该菩萨像半身残损，头戴宝箍，面相饱满方圆，双目低垂，神态典雅；身饰串珠璎珞，充满静谧与庄严气象，雕刻精湛，是一件具有极高艺术水准的造像作品。唐罽宾国三藏般若奉诏译《大方广佛华严经普贤行愿品》中叙述善财童子参观音菩萨，并赞曰："菩萨吉祥妙色身，处于众会无伦匹……种种华鬘以严饰，顶上真金妙宝冠……圆光状彼流虹绕，外相明如净月轮。顶相丰起若须弥，端严正坐如初日……妙身种种庄严相，众宝所集如山王。腰垂上妙清净衣，如云普现无边色。真珠三道为交络，犹如世主妙严身。"从冠饰与身饰来看，此造像很可能为观音菩萨像。其造像艺术风格与郑州荥阳大海寺出土菩萨造像颇为相似。

参考文献

① 郑州博物馆编《郑州荥阳大海寺石刻造像》，河南美术出版社，2006 年。

四一

菩萨头像

盛唐（8 世纪）

高 39 厘米 宽 19 厘米 厚 20 厘米

2008 年龙门石窟东山擂鼓台区窟前建筑遗址出土

龙门石窟研究院藏

Head of Bodhisattva

Tang Dynasty (8th Century A.D.)

Height: 39cm Width: 19cm Thickness: 20cm

Excavated around Leigutai Three Caves in Longmen East Hill (2008)

Longmen Grottoes Academy

　　该菩萨面庞丰腴饱满、双目低垂，神态安详，彰显雍容华贵之态。

四二

菩萨头像

唐（618—907）
高 19 厘米 宽 11 厘米 厚 11 厘米
2008 年龙门石窟东山擂鼓台区窟前建筑遗址出土
龙门石窟研究院藏

Head of Bodhisattva

Tang Dynasty (A.D. 618-907)
Height:19cm Width:11cm Thickness:11cm
Excavated around Leigutai Three Caves in East Hill (2008)
Longmen Grottoes Academy

该菩萨头像束高发髻，面容端庄详和，丰腴而神采奕奕，发髻与脸部仍残存部分彩绘。

该菩萨头像出土时湿透状带有明显绀青彩绘，因出土后条件干燥使得发髻颜色变浅，现头顶发髻处仍可见淡蓝色彩。

考古发掘出土菩萨头像现场照

四三

菩萨头像

唐（618—907）

高 23 厘米 宽 11 厘米 厚 12 厘米

2000 年龙门石窟西山奉先寺遗址出土

龙门石窟研究院藏

Head of Bodhisattva

Tang Dynasty (A.D. 618-907)

Height: 23cm Width: 11cm Thickness: 12cm

Excavated from Fengxiansi Temple Site in Longmen West Hill (2000)

Longmen Grottoes Academy

　　该菩萨面相丰满，梳高发髻。发髻正面装饰大宝珠，周镶联珠纹，下联圆环。双眼细长，微睁低垂，呈微笑状，柳眉樱唇，反映出盛唐以丰腴为美的时尚。

四四

菩萨头像

唐（618—907）
高 14.5 厘米 宽 8 厘米 厚 8.5 厘米
2008 年龙门石窟东山擂鼓台区窟前建筑遗址出土
龙门石窟研究院藏

Head of Bodhisattva

Tang Dynasty (A.D. 618-907)
Height:14.5cm Width:8cm Thickness:8.5cm
Excavated around Leigutai Three Caves in Longmen East Hill
(2008)
Longmen Grottoes Academy

该菩萨头像束高发髻，正中装饰宝珠，戴三角形装饰、髻发纹理分明。面相短圆丰满，眉眼细长低垂，整体呈典雅详和之态。

盛唐 彩塑胁侍菩萨
甘肃敦煌莫高窟第 45 窟西壁龛内北侧

四五

菩萨残像

唐（618—907）
高 69.5 厘米 宽 40 厘米 厚 24 厘米
龙门石窟东山擂鼓台区窟前建筑遗址出土
龙门石窟研究院藏

Figure of Bodhisattva Fragment

Tang Dynasty (A.D. 618-907)
Height:69.5cm Width:40cm Thickness:24cm
Excavated around Leigutai Three Caves in Longmen East Hill
Longmen Grottoes Academy

　　该菩萨残像细腰鼓腹，佩饰华丽串珠璎珞，两道帔帛垂于腹部和膝上，右膝微曲，身姿婀娜呈 S 形。腰间衣带穿环结花结。膝盖处刻画出 U 形衣线。整体残像佩饰衣纹呈现雍容华贵之态，雕刻洗练流畅，富于动感，具有超强的写实性与艺术感。

四六

菩萨残像

唐（618—907）
高 35 厘米 宽 20 厘米 厚 15.8 厘米
2000 年龙门石窟西山奉先寺遗址出土
龙门石窟研究院藏

Figure of Bodhisattva Fragment

Tang Dynasty (A.D. 618-907)
Height:35cm Width:20cm Thickness:15.8cm
Excavated from Fengxiansi Temple Site in Longmen West Hill
(2000)
Longmen Grottoes Academy

　　该菩萨像残损，服饰雕刻繁复精巧。腰间衣带打结呈花朵形垂下，花结下另有一宽平状衣带。串珠璎珞垂于体侧，且另有一横向璎珞在下部连接，正中饰吊坠。两道帔帛分别横过双腿、膝上，双腿间衣纹密集。

四七 ▌

菩萨立像

唐（618—907）
高 76.5 厘米 宽 28.2 厘米 厚 20 厘米
1992 年龙门石窟西山宾阳洞前出土
龙门石窟研究院藏

Figure of Standing Bodhisattva

Tang Dynasty (A.D. 618-907)
Height:76.5cm Width:28.2cm Thicknes:20cm
Excavated around Binyang Caves in Longmen West Hill (1992)
Longmen Grottoes Academy

　　该菩萨跣足立于圆形台座上，颈饰桃形项圈，帔帛绕身，璎珞自腰部交叉打结，又分别垂于双腿两侧。整体雕刻手法洗练，装饰简洁细腻。

四八

菩萨残像

唐（618—907）
高 90 厘米 宽 42.5 厘米 厚 38.5 厘米
2013 年龙门石窟东山擂鼓台南洞外南侧出土
龙门石窟研究院藏

Figure of Bodhisattva Fragment

Tang Dynasty (A.D. 618-907)
Height:90cm Width:42.5cm Thickness:38.5cm
Excavated around Leigutai South Cave in Longmen East Hill
(2013)
Longmen Grottoes Academy

　　菩萨像仅存腿部及右脚，跣足立于圆形残莲台上，断面均为自左向右倾斜。穗状璎珞垂于双腿两侧，中有腰带打结垂散而下。下裙褶纹疏密有致，膝盖处呈 U 形衣线，左膝略弯曲，颇具写实之动感。整体雕刻手法洗练、装饰简洁细腻。

　　玄奘在《大唐西域记》中载古印度男女"首冠花鬘，身佩璎珞"。据《法华经》记载"金、银、琉璃、砗磲、玛瑙、真珠（即珍珠）、玫瑰七宝合成众华璎珞"，又谓菩萨"整百宝之头冠，动八珍之璎珞"。

参考文献

① 徐胭胭《图像的"翻译"：中古时期莫高窟菩萨璎珞的流变》，《艺术设计研究》2015 年第 1 期，第 18—26 页。

观世音像龛
（3D 打印复制件）

唐（618—907）
高 112 厘米 宽 65 厘米 深 30 厘米
龙门石窟西山万佛洞前室南壁

The Two Niches of Avalokitesvara(Guanyin) (3D Printing Replica)

Tang Dynasty (A.D.618-907)
Height:112cm Width:65cm Depth:30cm
Wanfo Cave in Longmen West Hill

　　该观世音像龛位于龙门石窟西山万佛洞前室南壁，身姿婀娜、雕刻细腻，被誉为"龙门最美观世音"。

　　可惜其发髻以下至鼻子以上部位遭到破坏，极大地影响了公众对其完整的感知。此次虚拟修复，以历史照片为依据，以学术研究为基础，融合三维数字化技术、颜色检测分析技术、雕塑艺术为一体，按照一定规则对其进行虚拟修补，复原其历史原色原貌，并结合现代科技手段为观众提供全新的浏览体验，以现场 AR、线上推广及线下 3D 打印等多重手段呈现。

观世音像龛原状
历史照片（1910 年）

許州儀鳳寺比丘尼真相敬造觀世音菩薩像一區

五〇

宝冠佛坐像

初唐（7 世纪末至 8 世纪初）
像高 239 厘米 宽 162 厘米 厚 104 厘米
底座高 87 厘米 宽 168 厘米 厚 121 厘米
社会征集
龙门石窟研究院藏

Figure of Sitting Buddha with Coronet

Tang Dynasty (Late 7th — Early 8th Century)
Statue Height:239cm Width:162cm
Thickness:104cm
Base Height:87cm Width:168cm Thickness:121cm
Collected from the Public
Longmen Grottoes Academy

宝冠佛须弥座像天王像局部

该佛像右旋螺发，头戴圆筒形高宝冠，冠上浮雕莲花、宝珠、祥云等装饰，用以象征佛的威严与功德；眼半睁下视，面容饱满，莞尔微笑；身着外来风浓郁的袒右袈裟，饰项圈、臂钏、胸膛肌肉凸显，结双跏趺坐于方形须弥台座上（迥异于莲花台座）；须弥座束腰部雕刻踩夜叉的天王像。整尊造像是龙门区域所见体量最大的圆雕佛像，高大庄严，静穆深沉，具有初唐写实主义的艺术风格。

龙门石窟研究院藏有菩萨装饰的宝冠佛像三尊，皆属于龙门附近的某寺院，此像即为其中之一。20 世纪初此像已由附近寺院移至龙门东山密教洞窟擂鼓台南洞中央。三尊造像皆庄严华丽，气势恢宏，雕刻尽显初唐佛像刚强雄健之姿，同时又是西方佛教新思潮新风格影响下的造像风格。龙门宝冠佛像是海内外学者高度关注的尊像类型之一，目前主要有三种观点，一是将其视为密教或密宗主尊大日如来像；二是认为属于源自印度菩提伽耶弥勒菩萨所创造的菩提瑞像；三是认为属于佛顶信仰下的毗卢遮那佛像。此外，也有认为是华严宗信仰的卢舍那佛或毗卢遮那佛像（详见本图录论文）。

综合前贤学者研究，毫无疑问，此类金刚座宝冠佛像渊源自印度菩提伽耶的菩提瑞像，但龙门石窟宝冠佛像又有着区别于四川菩提瑞像、长安七宝台宝冠佛像以及敦煌菩提瑞像的窟龛环境和艺术特点。此类宝冠佛多为大型圆雕造像，又与龙门石窟擂鼓台北洞（第 5 窟）高浮雕主尊宝冠佛像基本相似，该窟内前壁南北侧雕有八臂观音、四臂十一面观音各一尊，是初唐密教多臂观音造像的最早见证。因此，龙门石窟宝冠佛被置于一个有着丰富密教内涵的洞窟之中，其极大可能仍属于密教类型或密教化的佛像，至于究竟是佛顶系密教形象还是大日如来像的前身，仍值得继续研究。

唐初中西文化交流频繁，佛教新思潮东传，诸多西行求法僧与来华传教的外国僧人带来了新的经典和图像，唐高宗与武则天也大力支持佛教译经传法事业，长安与洛阳两京寺院的译场所出佛经尤其以密教类型的陀罗尼经典占主流，"游戏神变"思想与变化形象的密教艺术兴起，菩萨装佛像与十一面、六臂

如意轮、千手千眼等变化观音、三头六臂明王等图像逐渐流行，形成初盛唐全新的佛教艺术思潮。龙门石窟既保存了初唐时期的千手千眼观音以及十一面观音、八臂观音等多臂观音造像，也反映了密教信仰与艺术在龙门的传播。

参考文献

① 李玉珉《试论唐代降魔成道式装饰佛》，《故宫学术季刊》2006 年第 3 期。
② 李文生《龙门唐代密宗造像》，《文物》1991 年第 1 期，第 61—64 页。常青《试论龙门初唐密教雕刻》，《考古学报》2001 年第 3 期，第 335—360 页。
③ 李崇峰《菩提像初探》，载《石窟寺研究》第三辑，第 190—211 页。雷玉华、王剑平《再论四川的菩提瑞像》，《故宫博物院院刊》2005 年第 6 期，第 142—148 页。
④ 张小刚《再谈敦煌摩伽陀国放光瑞像与菩提瑞像》，《敦煌研究》2009 年第 1 期，第 21—25 页。
⑤ 张文卓《关于菩提树下施降魔印宝冠佛像的再探讨——以密教佛顶法兴起为视角》，《甘肃社会科学》2014 年第 3 期，第 50—53 页。
⑥〔日〕肥田露美著，颜娟英等译《云翔瑞像：初唐佛教美术研究》，台湾大学出版社，2018 年。
⑦ Dorothy C. Wong, *Buddhist Pilgrim-Monks as Agents of Cultural and Artistic Transmission: The International Buddhist Art Style in East Asia, ca. 645—770.* Singapore: NUS Press, 2019. 王静芬《触地印装饰佛像在中国的形成与传播》，香港大学编《饶宗颐教授百岁华诞国际学术研讨会会议论文集》，2015 年，第 1064—1087 页。

龙门石窟东山擂鼓台北洞 宝冠佛像

龙门石窟擂鼓台北洞 主尊宝冠佛坐像及其线图

龙门石窟擂鼓台北洞前壁右侧 八臂观音菩萨像

龙门石窟擂鼓台北洞前壁左侧 四臂十一面观音菩萨像
（该十一面观音头像现藏于日本仓敷市大原美术馆）

唐 石雕宝冠佛残像 残高 130 厘米
隋唐洛阳城遗址出土
中国社科院考古所洛阳工作站藏

唐 龙门石窟东山擂鼓台北洞上方
八臂观音菩萨像

唐 龙门石窟西山惠简洞上方第 571 号小窟南壁
十一面多臂观音菩萨像

五一

宝冠佛坐像

初唐（7 世纪末至 8 世纪初）
像高 189 厘米 宽 140 厘米 厚 81 厘米
座高 88 厘米 宽 161 厘米 厚 115.5 厘米
龙门附近征集
龙门石窟研究院藏

Figure of Sitting Buddha with Coronet

Tang Dynasty (Late 7th - Early 8th Century)
Statue Height:189cm Width:140cm Thickness:81cm
Base Height:88cm Width:161cm Thickness:115.5cm
Collected around the Longmen Grottoes
Longmen Grottoes Academy

　　该宝冠佛像来自龙门附近寺院，后置于龙门石窟东山擂鼓台南洞南侧回廊。佛像顶部宝冠残损，下部仍可见密集的螺发装饰，面容饱满，眼半睁俯视，眉间有白毫（饰物缺失），作沉思冥想状。佛身着袒右袈裟，双跏趺坐于四边形束腰金刚须弥座上，左手施禅定印，右手施降魔印。该佛像肩膀、胸腔皆宽厚雄健，胸部肌肉隐约凸起，彰显性格鲜明的写实艺术，袈裟衣纹线条疏简而流畅。独特之处仍是颈部装饰项圈，袒右手臂饰以臂钏。

　　佛像须弥座中间以六位肌肉凸起的金刚力士作为托举佛座的护法，这与前件宝冠佛座以天王托举又不尽相同。须弥座底部装饰一圈双莲瓣纹，莲瓣突出饱满。宝冠、项圈、臂钏三者皆是菩萨形象的身份象征之一，龙门三尊大体量圆雕佛造像都以此作装饰。中国佛像"珠璎宝冠"装饰渊源于古印度菩提伽耶的菩提瑞像，"宝冠"是象征佛陀功德的重要饰物，这很可能与密教思想的兴起有关。

五二

宝冠佛坐像

唐（618—907）
像高 175 厘米 宽 132 厘米 厚 85 厘米
座高 68 厘米 宽 127 厘米 厚 95 厘米
社会征集
龙门石窟研究院藏

Figure of Sitting Buddha with Coronet

Tang Dynasty (A.D. 618-907)
Statue Height:175cm Width:132cm Thickness:85cm
Base Height:68cm Width:127cm Thickness:95cm
Collected from the Public
Longmen Grottoes Academy

　　该尊造像通体圆雕，头顶宝冠残损，可见一圈右旋螺发，面容饱满，莲目果唇，莞尔微笑，眼睑低垂；身着袒右袈裟，有薄衣贴体之感，颈部戴璎珞项圈，右手戴八瓣莲花状臂钏，左手仰掌向上，右手施降魔印，双跏趺坐于四方形（或曰亚字形）束腰须弥座上。须弥座束腰间装饰浮雕乐伎，底部一圈高凸双莲瓣纹，浑厚饱满。

　　该佛像宽肩挺胸，胸部肌肉凸显雄健之气，腹部鼓出，这在佛像中甚是罕见，袈裟紧贴身体，上下衣纹简约流畅而又刚健有力，整体具有印度萨拉纳特"湿衣派"造像艺术特征，显示出浓郁的外来风格。

五三

宝冠菩萨坐像

唐（618—907）

高 45 厘米 宽 23.5 厘米 厚 14.5 厘米

2000 年龙门石窟东山擂鼓台遗址出土

龙门石窟研究院藏

Figure of Sitting Bodhisattva with Coronet

Tang Dynasty (A.D. 618-907)

Height:45cm Width:23.5cm Thickness:14.5cm

Excavated from Leigutai in Longmen East Hill (2000)

Longmen Grottoes Academy

 该造像保存较完整，自然断裂。菩萨头戴尖拱形高冠，冠上饰联珠纹。方额广颐，面相安详，长耳下坠，耳珰垂于肩上。颈佩华丽项饰和璎珞，璎珞在腹前交叉呈"X"状，结双跏趺坐，双手做禅定印。下方为半圆仰莲座，表面刻两层莲瓣。

 尖拱形宝冠帽源自地中海圣者冠饰或是中亚萨珊王者装饰，贵霜王族时期秣菟罗艺术中有高冠，呈尖拱状，这应是佛教艺术对中亚文化艺术的借用。这类造像究竟是菩萨像还是佛像，学界仍存有争议。

龙门石窟与唐代密教

密教是佛教信仰中一种特殊的修行方法，以手结契印、口诵真言陀罗尼与身作观想图像为重要特征。其图像吸收了婆罗门教的诸多神祇。汉末魏晋南北朝时期，密教思想已在中国传译，密教护法诸天形象也零星出现。初盛唐时期，密教思想逐渐兴起，尤其是玄宗开宝至代宗大历年间，以善无畏、金刚智、不空为首的僧团开创了中国佛教八大宗派之一密宗。

宝冠或菩萨装宝冠是密教佛像的典型特征之一。武则天时期，密教经典的翻译大多在都城洛阳进行。龙门石窟的密教造像上限到唐高宗晚期，绝大部分为武则天执政时期的作品，这很可能与密教经典思想传播有关。龙门石窟东山擂鼓台北洞宝冠佛龛，以及龙门西山千手观音窟龛皆为典型的密教风格造像龛。

龙门石窟擂鼓台南洞龛壁

五四

宝冠菩萨头像

唐（618—907）

高 14.5 厘米 宽 7.5 厘米 厚 10 厘米

2008 年龙门石窟东山擂鼓台区窟前建筑遗址出土

龙门石窟研究院藏

Head of Budhisattva with Coronet

Tang Dynasty (A.D. 618-907)

Height:14.5cm Width:7.5cm Thickness:10cm

Excavated around Leigutai Three Caves in Longmen East Hill
(2008)

Longmen Grottoes Academy

　　该尊头像戴尖拱形宝冠，冠饰华丽联珠。造像面部完整，面相丰腴，双眼细长，微睁俯视，属密教系统造像。

五五

宝冠菩萨头像

唐（618—907）
高 17 厘米 宽 13.5 厘米 厚 11 厘米
2008 年龙门石窟东山擂鼓台区窟前建筑遗址出土
龙门石窟研究院藏

Head of Budhisattva with Coronet

Tang Dynasty (A.D. 618-907)
Height:17cm Width:13.5cm Thickness:11cm
Excavated around Leigutai Three Caves in Longmen East Hill
(2008)
Longmen Grottoes Academy

　　该菩萨头像面容丰满、双眼低垂，头戴宝冠，冠下饰联珠纹，神态静寂庄严。

　　根据学者研究，该宝冠菩萨头像样式比例与擂鼓台南洞龛壁上菩萨像基本一致，应是初唐密教造像，有可能凿取于此。

五六

宝冠菩萨头像

唐（618—907）

高 19.4 厘米 宽 10.6 厘米 厚 9.5 厘米

2008 年龙门石窟东山擂鼓台区窟前建筑遗址出土

龙门石窟研究院藏

Head of Budhisattva with Coronet

Tang Dynasty (A.D. 618-907)

Height:19.4cm Width:10.6cm Thickness:9.5cm

Excavated around Leigutai Three Caves in Longmen East Hill

(2008)

Longmen Grottoes Academy

唐 宝冠菩萨坐像 龙门石窟擂鼓台南洞龛壁

　　该像头戴华丽璎珞联珠宝冠。面相丰腴圆润，双目低垂，宝冠下露出联珠纹装饰，属密教造像系统。

五七

踩夜叉天王残像

盛唐（7世纪末 8世纪初）
高 42 厘米 宽 29.3 厘米 厚 18 厘米
1987 年龙门石窟西山火烧洞前出土
龙门石窟研究院藏

Figure of Lokapala Fragment with Yaksha

Tang (Late 7th-early 8th Century A.D.)
Height:42cm Width:29.3cm Thickness:18cm
Excavated around Huoshao Cave in Longmen West Hill (1987)
Longmen Grottoes Academy

　　天王残存下部铠甲一角、护腿与着靴，仍能感受到天王的
飒爽英姿。夜叉左手托天王足，两肩承重，半跏坐于石台上。
怒目圆睁，头发倒竖，筋骨突出，显示出竭力支撑天王的紧张
感，具有浓郁的写实主义手法。此与奉先寺第 1280 窟南壁东
端佛龛的天王踩夜叉像相仿。

唐 天王脚踩夜叉像　龙门石窟大卢舍那佛龛

0009

金刚力士像

唐（618—907）
高 136 厘米 宽 54 厘米 厚 26.5 厘米
1953 年龙门石窟西山路洞前出土
龙门石窟研究院藏

Figure of Guardian

Tang Dynasty (A.D. 618-907)
Height:136cm Width:54cm Thickness:26.5cm
Excavated around Lu Cave in Longmen West Hill (1953)
Longmen Grottoes Academy

　　该尊力士造像为典型盛唐作品。头上绾髻，额头中央隆起，上身筋骨暴起，下身裙裳飘动，呈怒目圆睁之状，极尽夸张之能事，给人以摧破降伏的气势感。

　　这种造型与武则天后期开凿东山莲花洞（第 2211 窟）及高平郡王洞（第 2144 窟）力士像接近。龙门石窟力士造像多塑于窟外两侧，重视肌体与动态姿势的表达，神态夸张，形象十分丰富。

　　"天龙八部"护法像亦是重要类别。"天龙八部"系佛教术语，是指包括天、龙、阿修罗、夜叉、迦楼罗、紧那罗、乾闼婆和摩睺罗迦等八类护持佛法的善神，因以天部和龙部为首领，故统称为"天龙八部"。魏晋南北朝时期，佛教图像类别愈加丰富，形成了集佛、弟子、菩萨、天王与金刚、飞天（天龙八部）等极丰富的"一铺"造像组合。天王和金刚力士同属"天部众"，常作为护法善神出现在佛菩萨弟子组合造像两侧。初唐时期，身披铠甲、全副武装的四大天王图像逐渐流行，纯粹像是唐代将军的威武形象，显得器宇轩昂。金刚力士造像多肌肉鼓起，显露出蓬勃的生命力和雄健而刚劲的气势，有降妖伏魔之威猛，堪称唐代写实主义雕塑的艺术珍品。

参考文献

① 毛宁《龙门石窟天王力士造像——兼论中国佛教艺术的本土化与世俗化》，《新美术》2004 年第 4 期，第 41—44 页。
② 李崇峰《金刚力士钩辑》，载氏著《佛教考古——从印度到中国》，上海古籍出版社，2014 年。

唐 敦煌藏经洞出土金刚力士像
大英博物馆藏

唐 力士像 龙门石窟高平郡王洞

第 9 窟前室正壁

第 9 窟前室正壁左侧金刚

第 9 窟前室正壁右侧金刚

五九

金刚力士头像

盛唐（8世纪）

高 25 厘米 宽 14 厘米 厚 15.5 厘米

1987 年龙门石窟西山火烧洞前出土

龙门石窟研究院藏

Head of Guardian

High Tang (8th Century A.D.)

Height:25cm Width:14cm Thickness:15.5cm

Excavated around Huoshao Cave in Longmen West Hill (1987)

Longmen Grottoes Academy

　　该造像稍残，束高发，怒目圆睁，显示出唐代力士威猛风貌。其外表较天授元年（690）到神龙元年（705）营造的力士像更具力量感，而与惠简洞北托钵佛龛（第563龛）北壁力士像接近，可推定为8世纪的作品。

唐 金刚力士像
美国明尼阿波利斯艺术馆藏

六〇

金刚力士残件

唐（618—907）
高 32.5 厘米 宽 13 厘米 厚 16 厘米
社会征集
龙门石窟研究院藏

Figure of Guardian Fragment

Tang Dynasty (A.D. 618-907)
Height: 32.5cm Width: 13cm Thickness: 16cm
Collected from the Public
Longmen Grottoes Academy

　　残存下部着裙，裙随风飘扬至体侧，露出粗壮有力的腿部肌肉。双足自然分开站立，重心向右。整体风格刚健流畅，力量感强，衣带如被风吹拂，颇有"吴带当风"之感，体现了唐代刚劲灵动的艺术塑造能力。

唐 飞天浮雕 龙门石窟奉南洞

飞天

唐（618—907）

长 48 厘米 宽 23.5 厘米 厚 9 厘米

1953 年山东青岛海关移交

龙门石窟研究院藏

Figure of Apsara

Tang Dynasty (A.D. 618-907)

Length:48cm Width:23.5cm Thickness:9cm

Transferred by Qingdao Customs (1953)

Longmen Grottoes Academy

唐 飞天浮雕 龙门石窟看经寺

　　该飞天双手向前，身躯呈 L 形，腰身柔软，帔巾飘举，体态优雅，当属盛唐时期作品。20 世纪 30 年代被盗。

安思泰石塔

唐 长安三年（703）
高 164.5 厘米 宽 40 厘米 厚 37 厘米
社会征集
龙门石窟研究院藏

Stone Pagoda Built by An Sitai

The 3rd year of Chang'an Period, Tang Dynasty (A.D.703)
Height: 164.5cm Width: 40cm Thickness: 37cm
Collected from the Public
Longmen Grottoes Academy

该塔为叠涩密檐式四层方塔，塔刹为宝珠形，环以山花蕉叶。第一层塔身底层正面镌刻佛像一铺并造像题记，此为尖拱佛龛，内刻阿弥陀佛双跏趺坐像一尊，两侧各刻一方形附龛，造供养人像跪于龛底。龛下题记文曰："清信佛弟子安思泰一心供养十方诸佛、一切贤圣。"龛像左、右两侧分别镌刊《佛说续命经》及功德主安思泰浮图铭文各一篇；背面刻康法藏祖坟记文一篇。

第二层以上则略事雕凿而未行修磨，整座石塔给人刚健浑厚、简约质朴之感。这类佛教石塔具有典型的西域风格，流行于洛阳地区，洛阳关林现存出土石塔中尚有多件为类似风格。据刻于塔基右侧的《安思泰浮图铭记》可知，长安三年（703），唐代粟特人安思泰为自己的"七世先亡"建造了这座石塔。另见有洛阳古代石刻艺术馆藏一座唐代石塔，题记曰："大唐开元三年正月二十七日，家人石野那为曹主故王元邵造五级浮图一区为记"。

龙门石窟自大规模开凿以来，便是多民族共同参与的佛教造像工程，包括汉、匈奴、鲜卑、粟特、羌、突厥、回鹘等民族都是龙门石窟造像的功德主。此石塔功德主安氏是中古时期"昭武九姓"粟特人之一，所谓"昭武九姓"是指中国南北朝隋唐时期中亚的九个沙漠绿洲国家，属于粟特人城邦，因其王均以昭武为姓，故称"昭武九姓"，包括康、安、曹、石、米、何、火寻、戊地、史等九国，粟特人多信仰祆教，往来于丝绸之路上从事商贸，深刻地影响了中古文明的演进。诸多粟特人定居中原，大多保持着祆教信仰。据唐张鷟《朝野佥载》卷三载："河南府立德坊及南市西坊皆有胡祆神庙。每岁商胡祈福，烹猪宰羊，琵琶鼓笛，酣歌醉舞。"

当然，随着佛教的传播与多元文化的融合，佛教也为部分来华粟特人所崇信。安思泰在龙门造此石塔并刊经的行为，说明唐代洛阳部分粟特人后裔与汉地文化结合而皈依佛教，为研究中古佛教信仰与多民族文化融合提供了独特的实物资料。温玉成《龙门所见中外交通史料初探》中曾认为此题记是唐华严宗创始人贤首大师康法藏的家族坟茔题记，今已有学者提出质疑，盖此康法藏并非佛教史中的僧法藏。

安思泰塔一方面反映了西域式石塔样式在洛京地区的盛行，一方面也反映了净土信仰在龙门地区粟特人群的传播，这也与龙门石窟大量初唐时期西方三圣龛像信仰一致。此外值得注意的是，敦煌所见往生西方发愿文卷子 S.4504 号与此石刻经愿文颇为相似，其文曰：

一愿三宝恒存立，二愿风雨顺时行。

三愿国王十万岁，四愿边地无刃兵。

五愿三涂字苦难，六愿百病□□□。

七愿众生行慈孝，八愿屠儿不杀生。

九愿劳行得解脱，十愿法界普安宁。

眼愿莫见刀光刃，耳愿莫闻冤枉声。

口愿不用随心意，手愿莫杀一众生。

总愿将来持弥勒，愿俗当将入化乘。

张乃翥认为，这是敦煌初唐以来接受中原文化影响的重要实物材料之一，文本的演变也反映了佛教观念日渐世俗化的整体趋势。洛阳地区出土的初盛唐石塔中，这类密檐式石塔尚有多件。

参考文献

① 严辉、李春敏《洛阳地区唐代石雕塔》，《文物》2001 年第 6 期，第 51—60 页。
② 杨超杰、严辉《龙门石窟雕刻萃编—佛塔》，中国大百科全书出版社，2002 年。
③ 张乃翥《跋龙门石窟近藏长安三年、大中六年之幢塔刻石》，《敦煌研究》1998 年第 1 期，第 24—29 页。
④ 张乃翥《龙门石窟与西域文明》，中州古籍出版社，2006 年。
⑤ 洛阳市文物局、洛阳师范学院河洛文化国际研究中心、洛阳周王城天子驾六博物馆编《洛阳石刻撷英》，国家图书馆出版社，2011年，第64—69页。
⑥ 毛阳光《洛阳龙门康法藏家族坟茔题记质疑》，《中国国家博物馆馆刊》2012年第2期，第59—63页。毛阳光《唐代洛阳粟特裔居民的佛教信仰》，载荣新江、罗新主编《粟特人在中国：考古发现与出土文献的新印证》，科学出版社，2016年，第314—320页。
⑦ 荣新江《中古中国与粟特文明》，生活·读书·新知三联书店，2014年。

塔第一层正面：

清信佛弟子安思泰一心供养十方诸佛、一切贤圣。

塔底层佛像龛背面刻安思泰造像记：

次西边坟，祖婆康氏。右麟德二年八月亡。

祖父俱子。右上元二年三月亡，其年八月葬在洛州河南县龙门乡孙村西一里。父德政合葬记。孙男法藏。阿杵，无泰，惠琳，孙男崇基、万岁。

父德政，右去垂拱三年七月七日亡。

母尹氏，右去长安元年十一月二十九日亡。

塔底层佛像龛左面刻《佛说续命经》：

南无大慈大悲观世音 唯愿圣手摩 我顶，救护娑婆世界重罪者，安著涅槃解脱地。唯愿千百世界海，供养诸佛，度一切如愿，随身观世音，愿恒受持不舍离。西方阿弥陀佛、观世音菩萨、得大势，有能诵此一佛二菩萨名者，得离生死苦，永不入地狱，恒值善知识。有疑有难者，诵经千遍即得解脱。

一愿三宝恒存立，二愿风雨顺时行，
三愿国王受万岁，四愿边地无刀兵，
五愿三涂离苦难，六愿百病尽除平，
七愿众生行慈孝，八愿屠儿不煞生，
九愿牢囚诉得脱，十愿法界普安宁。
眼愿不见刀光刃，耳愿不闻怨枉声，
□愿不用违心语，手愿不煞一众生。
总愿当来值弥勒，连臂相 将入化 成。

塔底层佛像龛右面刻《大周浮图铭并序》：

大周浮图铭并序。若夫业终运化，上智不能移。丹徒水迁，中才莫由晓。遂使埋魂蒿里，委骨象门，缄恨松楸，抱怨丘陇。思泰罪积，早丧慈亲，风树惊庭，蓼莪悽野。敬造灵塔，式报先亡，永谢三涂，长归八正。

其词曰：悲哉埏埴，痛矣阴阳。生我父母，窆之丘荒（其一）。风树神销，陇兰气绝。堂宇寂静，诠露歌灭（其二）。敬造灵塔，饰像浮图，□挚贝而应祐，尽丹青而倚珠（其三）……

长安三年岁次癸卯九月庚寅朔廿日。

安思泰造浮图一所，为七世先亡敬造。

珪和尚纪德幢

唐 开元十三年（725）
高 136 厘米 直径 43 厘米 面幅宽 11.5—12.5 厘米
社会征集
龙门石窟研究院藏

Dhvaja for Monk Gui

The 13th year of Kaiyuan Period, Tang Dynasty (A.D. 725)
Height:136cm Diameter:43cm Width:11.5-12.5cm
Collected from the Public
Longmen Grottoes Academy

　　《珪和尚纪德幢》是一件具有重要历史与艺术价值的石幢，其文载录于陆增祥《八琼室金石补正》卷五三。珪和尚其他相关史料可参见唐僧仁素开元十一年（723）撰《珪禅师塔记》（收录于《金石萃编》卷七三；《全唐文》卷九一四），宣宗朝观察使许篯撰《珪禅师影堂记》（收录于《全唐文》卷七九〇）。另有开元二十三年（735）宋儋撰文并书丹《唐珪禅师碑》见载于赵明诚《金石录》卷六，惜无传世文献。

　　由于洛阳独特的政治影响力，龙门石窟周边地区是中古塔幢林立与信佛人士墓葬聚集之地。珪和尚即河南洛阳伊阙人，禅宗著名僧人法如弟子，法如又是禅宗五祖弘忍的嫡传。据《唐中岳沙门释法如禅师行状》文云："（达摩）入魏传可，可传粲，粲传信，信传忍，忍传如。"《珪和尚纪德幢》重申了这一传承并称："至和尚凡历七代，皆为法主，异世一时。"元珪被弟子智严视为禅宗传法"七祖"，反映了盛中唐以来禅宗祖师法统地位之争日趋激烈。

　　该幢为八面体，幢柱顶端浮雕四佛坐像与四菩萨立像相间排列，且每尊像右上方均刻有题名。依逆时针方向排列分别为：天鼓音佛、弥勒菩萨、阿弥陀佛、文殊菩萨、宝生佛、普贤菩萨、阿閦毗佛、观自在菩萨。以往学者多将该佛菩萨组合与善无畏《大日经仪轨》所传胎藏界曼荼罗中台八叶院的四佛四菩萨直接对应。但编者发现实际上纪德幢佛名榜题与胎藏界经典记载名称并不一致，颇难理解。据僧一行《大日经疏》卷四，胎藏界曼荼罗中，东方宝幢佛是菩提心义，南方开敷华王佛是大悲万行开敷义，北方天鼓雷音佛是如来涅槃说法智，西方无量寿是如来方便智；又《大日经疏》卷二十解释四隅四菩萨，东南普贤是菩提心，西南文殊是大智慧，西北弥勒佛是大悲，东北观音即是行愿成满，"是故八叶皆是大日如来一体也"。由此可见，此纪德幢顶部造像与密教胎藏界曼荼罗中台八叶院的图像四佛四菩萨排布上接近一致，但四佛名称上却与金刚界曼荼罗五方佛名（中央主尊毗卢遮那佛、东方阿閦佛、西方阿弥陀佛、南方宝生佛、北方不空成就佛）更接近，编者推测很可能是由于早期译名传布的不统一所致。综合判断，此幢顶部上榫头所缺当为中央大日如来的位置，正好形成完整的胎藏界曼荼罗十三大院之第一院即中台八叶院的五佛四菩萨组合。此经

　　幢图像是研究盛唐密教思想传播及其与北宗禅信仰结合的重要实物资料。

　　值得注意的是，主持为珪和立庙撰文的是其传法弟子、大敬爱寺沙门智严。那么为何密教曼荼罗图像会出现在此经幢上？经笔者查考，盛唐密教大师善无畏应是其中的关键人物。善无畏于开元十二年随玄宗来洛阳，住大福先寺，并应僧一行之请翻译《大日经》六卷，又译供养法一卷，合为七卷，弟子宝月译语，一行笔受，崔牧作序。善无畏至洛阳传法，禅宗僧团问法者络绎不绝，诸如普寂、义福等名僧皆行弟子之礼，智慧严也是从善无畏问学的禅宗僧人之一。因此，该纪德幢上雕刻密教四佛四菩萨图像或是源自善无畏新译《大日经》。

　　书幢者"左补阙集贤院直学士陆去泰"也多见诸史籍，陆氏属吴郡人，善书法，文学颇负盛名，为开元年间集贤院十八学士之一，存世书法另有《李宽墓志》《唐赠司农卿李元紘碑》等。开元十三年（725）四月，唐玄宗改集仙殿丽正书院为集贤院，以张说、徐坚、贺知章、赵冬曦、冯朝隐、康子元、侯行果、韦述、敬会真、赵玄默、毋煚、吕向、咸廙业、李子钊、东方颢、陆去泰、余钦、孙季良等十八人为学士，命董萼绘像（参见宋王应麟《小学绀珠·名臣》）。五代王溥《唐会要》："十三年四月五日，因奏封禅仪注，敕中书门下及礼官学士等赐宴于集仙殿。上曰：今与卿等贤才，同宴于此，宜改集仙殿丽正书院为集贤院。"由此可知，该纪德幢正是陆去泰任集贤院直学士不久后的书作。

　　开元天宝年间，善无畏、金刚智在内廷灌顶传法，又随唐玄宗幸驾东都洛阳，王公贵族与宰辅大臣等接受灌顶学法者甚多。开元集贤院十八学士中的著名文选学家吕向曾从金刚智学密教。据中唐圆照《大唐贞元续开元释教录》卷二载，开元年间集贤院学士吕向曾撰《故金刚智三藏行记》一卷，首题"灌顶弟子、正议大夫、行中书舍人、侍皇太子诸王文章、集贤院学士吕向敬师三藏，因而纪之"。此外，盛唐时期与王维好友苑咸、杜鸿渐、李华等重要文士纷纷随密教大师学法。由此可见，作为盛唐新潮流的密教思想与艺术颇受当时僧界与文人士大夫的推崇。陆去泰与吕向同为唐玄宗时期集贤院首批十八学士之一，也有可能与吕向一并受金刚智灌顶。

　　总之，该纪德幢既是盛唐北宗禅的重要史料，也是北宗禅与密教结合的实物证据，尤其是迄今所见盛唐最早镌刻密教曼荼罗图像的石幢，具有极为珍贵的历史、艺术与科研价值。有趣的是，安史之乱后，南宗禅领袖神会由荆州迁建于龙门西山宝应寺，无疑是南宗禅显示其在东都洛阳势力的宗教举动。

参考文献

① 高慎涛《再论龙门所见唐〈珪和尚纪德幢〉及其禅宗史价值》，《世界宗教研究》2019年第3期，第38—45页。

② 李文生《读禅宗大师〈珪和尚纪德幢〉书后》，《敦煌研究》2004年第6期，第22—26页。

③ 郑霞《龙门出土李元珪纪德幢、尼澄璨尊胜幢读后》，《敦煌研究》2010年第2期，第38—42页。

④ 徐文明《禅宗北宗与密教关系研究》，《社会科学研究》2013年第4期，第125—132页。

⑤ 黄阳兴《咒语·图像·法术：密教与中晚唐文学研究》，海天出版社，2015年。

佛顶尊胜陀罗尼经幢

唐 贞元十八年（802）
高 140.5 厘米 直径 37 厘米 幅宽 13.5—15.5 厘米
20 世纪 60 年代初龙门石窟西山奉先寺遗址出土
龙门石窟研究院藏

The Usnisa Vijaya Dharani Dhvaja

The 18th Year of Zhenyuan Period, Tang Dynasty (A.D. 802)
Height:140.5cm Diameter:37cm Width:13.5-15.5cm
Excavated from Fengxiansi Temple Site in Longmen West Hill (1960s)
Longmen Grottoes Academy

该经幢出土于龙门西山南麓唐奉先寺遗址的魏湾村北侧，幢身为典型八棱形柱体，幢座与幢盖均残失。幢身早年为魏湾村村民立于水井口沿作支撑辘轳的墩柱，故顶端槽口部分文字遭损坏。幢首"佛顶尊胜陀罗尼经"经题不存，每行行首皆残缺，楷书。所载经文为初唐罽宾国沙门佛陀波利奉诏译本，这也是尊胜经幢最流行的译本。其后附录建立经幢的记文，字迹漫漶不清，兹录文如下：

□□□□大朴既散，厚深未还，群迷□□，□□五浊，无由自拯。我梵雄戡薙魔军，匡济蠢类，展龄寿于尘舞，升沦垫于高岸者，其惟佛顶尊胜真言。□□□代传儒行，世习仁让，含光蓄智，□□水□不著，长怀高志，如桂树□，□□难攀，定常持心，诵不离□。初住天宫，后随侍□□□元厘众务，宽猛手济，师事□□□□□□清□□□□□。呜呼，名遂身退，功成不居，竖□□□□□绵慑。吾师上亡日，宝德与最上人断□□□□□□形命既无，即同□砾，深坟厚葬，永益泉途，愿化为灰，均于水陆，迴兹缯帛，造一石幢，模写□□，存亡永福，此是愿也，言讫归寂。报龄五十九，僧夏卅□□□□，不几日月，镌勒斯毕，树于龙门奉先寺之塔院。文皎早承惠眷，悲深鸰原，聊纪休列，传之不朽，恐海田之或变，冀未丧于斯文。于时贞元十八年十一月廿 日癸未建。同学受□沙门文皎述并书。检校修幢僧道潜、宝德，弟僧圆最。

因顶部残损，故经幢所属僧名不详，仅知初住天宫寺。天宫寺为初唐东都洛阳尚善坊的一座名寺，肇建于唐太宗贞观六年（632），乃唐高祖龙潜旧宅改置而立，海内外名僧如宝思惟、神秀等多驻锡该寺。龙朔元年（661），唐高宗亲幸该寺并度僧二十人。吴道子曾在天宫寺作壁画。唐李濬《摭异记》载："玄宗幸东都，偶因秋霁，与一行师共登天宫寺阁。临眺久之。上暇顾怆然，发叹数四。"据该记文可知，幢主曾有重要的佛教经历，圆寂之后，僧道潜、宝德与弟僧圆最为之在龙门奉先寺塔院建立经幢，洛阳著名皇家寺院圣善寺沙门文皎以"同学"之旧为撰文并书幢，书风为盛中唐典型楷书，似受徐浩书法影响。

龙门奉先寺也是唐高宗所建皇家寺院，其遗址北半部现存一塔丘，或即是该幢记文中所称奉先寺之"塔院"。该幢是奉先寺遗址出土的有奉先寺刻铭的唯一唐代纪年文物，因此具有独特的文物价值。

佛教经幢一般是指书写经文的八棱石刻，多雕刻密教陀罗尼经典，以初唐佛陀波利译本《佛顶尊胜陀罗尼经》为最多。据译本所载，此经可拔济众生于恶道，以满足人们摆脱地狱恐惧的需要。这种"破地狱"思想是尊胜陀罗尼最显著的特征之一。

佛顶尊胜咒及其经幢崇拜是唐代佛教最为流行、最具普遍意义的大众信仰形式。据功能，经幢可分为寺幢、墓幢、水幢与路幢等多种。盛中唐时期，经幢受佛教密宗的影响而盛行。唐代石幢也经历了由初期的简洁向中晚唐多层且雕饰繁复的演变过程，许多经幢也可反映一地之文学、书法、风俗及其信仰，蕴含了丰富的社会文化信息。

参考文献

① 张乃翥《龙门藏幢续跋两题》，《敦煌研究》1989 年第 2 期，第27—34 页。

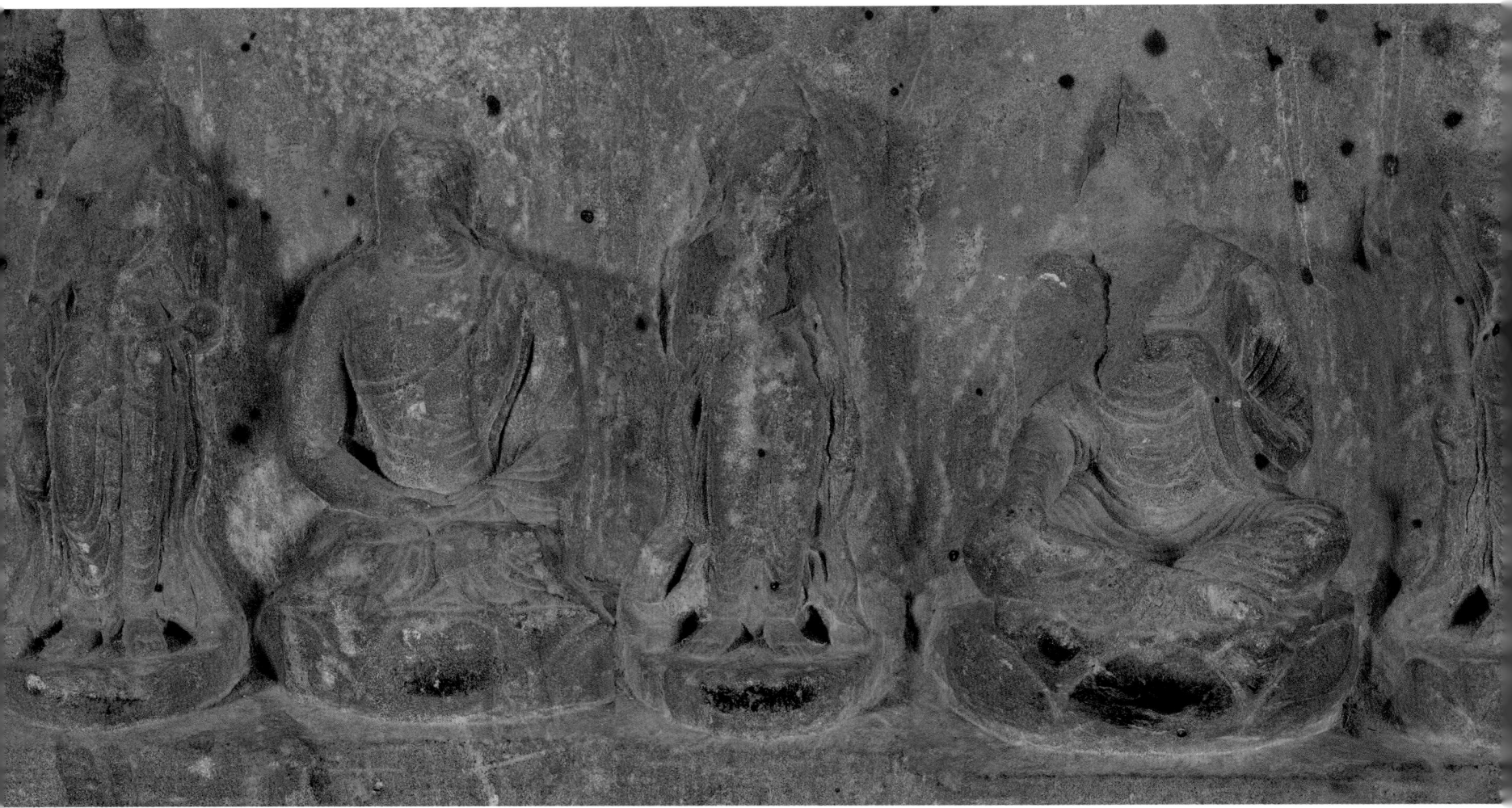

普贤菩萨　　　　　　　阿閦毗佛　　　　　　　观自在菩萨　　　　　　　天鼓音佛

释文

大唐中岳东闲居寺故大德珪和尚纪德幢。弟子大敬爱寺沙门智严立庙叙文。

惟夫无上正觉，知之一味，圆应施化，无量度门，浅识驰末，解行异端，深智穷源，玄通不二。我尊和尚，俗姓李，讳元珪。河南伊阙人也。幼而聪敏，性无戏论。年甫弱冠，以儒学见称。厌俗浮荣，归心释教。初，禀业于灵泉泰禅师，持诵《法华经》，克己忘倦，去家五里，竟不再归。部秩将终，梦青衣童子乘白象，授以舍利，及晓开卷，果获七粒。按斯讳者，乃普贤神力所致焉，所持经即随扬州居士严恭所写千部中第三百九十七事，在唐临《冥报记》，素以经口精通。上元中，孝敬皇帝升遐得度，便配兹□，然以凤慕至道，遍览观门，每患心相未祛，翘祈胜友。后遇如大师于敬爱寺，勤请久之，大师虽未指授，告以三年及期，大师果住少林寺。和尚与都城大德同造少林，请开禅要，验之先说，信而有证，遂蒙启发，豁然会意万象，皆如圆始在目，动静斯益，契彼宿心，因而叹曰："尝闻千载一遇，今谓万劫焉！"大师曰："自非宿植，讵有斯鉴，然诸余禅观，并心想不忘，入此门者，妄想永息。"大师即黄梅忍大师之上足也，故知迷为幻海，悟即妙门。此一行三昧，天竺以意相传，本无文教。如来在昔，密授阿难。自达摩入魏，首传惠可，可传粲，粲传信，信传忍，忍传如，至和尚，凡历七代，皆为法主，异世一时。永昌中，大师既殁，暂之荆府，寻及嵩丘。自后，缁素请益山门，继踵谦让，推德必至再三，常钦味《楞伽经》，以为心镜。

所居涧水不善，圣历中，忽有涌泉出于山侧，其味日芳，常得汲用。虽众人奇之，而和尚不之异也。长安中，嵩山南三十里庞坞士庶延请，因往居之，由是道俗咸称庞坞和尚焉。初，庞坞修造佛堂，有余瓦顷年已未之问也。开元四年春，忽谓门人曰："佛堂余瓦恐后人互用，如何处置？"未对之间。乃□仲京等，垒作佛塔，门人未之悟，寻诚以存亡等事，门人等方怀感恋焉。以其年八月初无患称疾，怡然安寝，其月十日晡时，奄归寂灭，春秋七十有三，即以其日迁枢归闲居精舍。于时庞坞四面三里，七日七夜，细雨弥布，云雾晦冥；及闲居经行旧所，杂树枯变。倾拔者数株，所涌日泉，自兹而涸。灵舆发引，上有白云，状如幢盖，翊送至于闲居，既藏乃灭。于旧阿兰若北营建身塔，安所焚舍利，缁素号慕，山川震响。又于寺后造塔追福，勒铭述行。和尚六度、四摄、一观齐行，高操策行，罕能及者。恒手自印象，兼散施漉罗，节费省用，余皆檀捨。居唯狭室，坐必小床，自非疾病，未尝安寝。该综内外，诣极精微，辄不宣扬，缘扣斯应。律仪轨式，模楷当时。承颜接旨，无不蒙润。至若雨泣云悲，泉枯树拔，在物犹感，人何以堪。我比丘智严，伏以师资义重，历劫难酬。追惟训育，愿常祇奉，敬于河南万安山北香城招提之所，立龛图真，以构灵庙，建幢纪德，敢审网极之心，瞻仰尊仪，以偈颂曰：

形神峻邈，宇器宏深。学穷心本。德润缁林。体有即如，言忘可析。随物涯分，俱沾胜益。

开元十三年岁次乙丑六月癸丑朔十五日丁卯建。左补阙集贤院直学士陆去泰书。建幢施主。

169

弥勒菩萨　　　　　　宝生佛　　　　　　文殊师利菩萨　　　　　　阿弥陀佛

有罪障應墮四趣⋯⋯善男⋯⋯優婆塞優婆⋯⋯族姓男族姓女於此學上或見

⋯⋯言⋯⋯足以何況更以多諸供具真華鬘塗香末香懸幢幡蓋等衣服瓔珞作諸莊嚴於四衢道

造窣堵波安置陀羅尼若有⋯⋯於此塔所或禮拜供養旋繞華香塗末香寶幢幡蓋以覆其上若復有人暫以

生還得增壽永離病苦一切業障悉皆消滅⋯⋯說我當為安慰說受持此陀羅尼法亦為守護不令持者墮於地獄亦為遮斷一切地獄諸惡道飛鳥諸生類及合利室皆波苔如來告金剛手言我

永離一切諸病苦惱亦得消滅應墮惡道亦得除斷即得往生諸佛剎土常與諸佛俱會一切如來恒為演說微妙之義一切諸佛即授其記身光照耀一切世界從此命終更不受胞胎之身隨所生處蓮華化生一切生處憶持不忘

重罪業逐即令終乘如意生天佛言我此陀羅尼屋廿六遍應消一切世間廣大供養捨身往生極樂世界或得往生十方淨土

取亡者骨上即得生天佛言善住地獄畜生閻羅王界餓鬼界直餓鬼身即得解脫得生天上

仲剎土常與諸佛俱會一麦一切如來恒為演說微妙之義一切世尊即授其記身光照耀一切佛剎

於檀上燒眾名香若膝者地跪心常念佛作慕陀羅尼即屈其頭指以大母指甲令七遍汝當至心受持此陀羅尼法

那庚多百千諸佛彼佛咸共讚言善哉希有真是佛子即得無礙智三昧得大菩提心莊嚴

一切惡道亦得清淨復令持者增益壽命天帝女去將我陀羅尼授與善住天子滿其七日汝當與善住

天子受此陀羅尼已滿百六遍依法受持一切惡道等普即得解脫住菩提道增壽无量甚大汝以妙天

與善住天子將諸天眾嚴持華鬘塗香末香寶幢幡蓋天衣瓔珞微妙莊嚴往諸佛所設大供養以妙天

一切善住天子顏貌端嚴為說法振樓苦報記佛言此經名淨一切惡道佛頂陀羅尼汝當受持介時大眾聞

⋯之圓寂永承佛恩雖獸魔軍走濟養額展齡壽於塵年昇綸藝於高片者真離佛潤

⋯⋯於永逢身退身懷高志知彼直其雖越廣覺之常持

⋯⋯叫名遂迴兹答帛常造一石幢摸稀

寺之燈代為屆代於永經原歇紀依列傳蓮不朽悉

彼逝斛畫減利⋯終承惠卷悲深鶴原歇紀依列傳蓮不朽悉

二百五十人俱又與諸大菩薩僧萬二千人俱尒時三十三天於善法堂會有一天子名曰善
住與諸大天受諸快樂尒時善住天子即於夜分聞有聲言善住天子却後七日命終命終
之後生贍部洲受七返畜生之身即受地獄苦
出地獄已希得人身生於貧賤處胎即無兩目
尒時善住天子聞此聲已即大驚怖身毛皆竪愁憂不樂速疾往詣
天帝釋所身體戰慄悲泣懊惱頂禮帝釋二足尊已白言
尒時帝釋觀見善住天子當墮七返惡道之身受諸苦
惱即作是念此善住天子受何苦惱受七返畜生之身
如來尊勝頂髻淨除一切惡道能淨除一切生死苦
一切眾生先世所造一切地獄惡業皆悉滅當得清淨
怎天帝若人命欲將終須臾憶念此陀羅尼還得清
過去諸佛為人為天諸天宮觀一切菩薩覆護群生故說
諸天宮減一切菩薩亦住之門無有覆護無有歸趣入尒時帝釋白佛言勝
尒時帝釋白佛言世尊
閻浮提一切眾生受持如來尊勝頂
伽陀呪印之為破一切眾生穢惡道
佛告帝釋言此呪名淨除一切生死惡
百生諸佛同共宣說隨喜受持大如來智印印之為破一切眾生
威故敬眾生樂造諸惡業像生故說此陀羅尼
菩薩攝受眾生樂造雜穢惡業像生故說
道泉常得解脫薄福眾生為諸惡業所纏繞
得解脫短命薄福諸貧
諸比丘各得神通布施阿脩羅
呪中布單那羯吒布單那阿波娑摩
即付囑於汝為利樂一切眾生故
若有人聞此陀羅尼如上貴家豬狗一切諸鳥獸
科此中貴家豬狗一切諸鳥獸
生得道亦復如是亦順如是
生將此陀羅尼名吉祥能淨一切惡道此佛頂尊
閻浮提金明淨柔軟令人喜見不為一切惡道之所

六五 ▊

四佛造像塔幢

唐 大中四年（850）
高 59 厘米 直径 60 厘米
1989 年龙门石窟西山宾阳洞附近出土
龙门石窟研究院藏

Pagoda Fragment with Statues

The 4th year of Dazhong Period, Tang Dynasty (A.D. 850)
Height: 59cm Diameter: 60cm
Excavated around Binyang Caves in Longmen West Hill (1989)
Longmen Grottoes Academy

据该经幢经文题记，可知此是为洛阳圣善寺僧怀则位于龙门天竺寺东北的墓地所立的塔幢，由其门人比丘绍明建造，立于唐大中四年（850）。龙门石窟周边寺院是唐代名僧荼毗立塔之地，如影响卓著的义净、菩提流支、金刚智、善无畏、般剌若等名僧多于此建塔旌表，以显示其与唐王室密切的政治关系。塔幢为矮壮圆柱体，上为圆顶，形制中西风格结合。该塔幢上部刻《佛顶尊胜陀罗尼经》《大轮金刚陀罗尼经》《心中心真言》和《广大宝楼阁善住秘密陀罗尼》。塔幢主要内容释录如下：

> 唐东都圣善寺志行僧怀则于龙门废天竺寺东北原刱先修茔一所，敬造尊胜幢它并记。当寺比丘义川撰。
>
> 疤牺之代，物类未华。生由穴处巢居，殁乩为棺为椁。自周公制表礼、黄帝易物象，乃栋宇安人，坟陵寝庙；镌铭篆志，宠德立功；植柏栽松，杨（扬）名后世。有则上人，先修茔内，立尊胜幢并镌陀罗尼。利济幽冥，益沾法界。公龆龀之岁，圣善寺山门故陈州禅大德亲承奖训，密示衣珠。气质肃然，道情敦厚，言行不二，声布诸兰。去元和初，举充弘圣寺填阙。统绾常住，众诉清廉。逢先皇厘革之科，烈在得留之数。凤薀多善，契以明时。门弟咨询，贪选兹地。南临禹阙，伊水灌其前；北望鼎郊，凤苑镇其后。岗连古寺，目饱烟霞。彫琢胜幢，万祀不朽。时大中四年龙集庚午夏五月中旬十一日戊子建。门人比丘绍明。

下部四面凿尖拱形造像龛，龛间线刻佛教圣树婆罗树，正面龛内雕中央婆婆世界释迦牟尼佛，左右为胡跪捧莲供养菩萨，龛外两侧各刻身披铠甲、双手按剑立于须弥山石座上的天王像。释迦右侧龛内刻西方净土世界阿弥陀佛；左侧龛内为东方琉璃世界药师佛；背面龛内刻未来佛弥勒。该塔幢造于唐武宗灭佛后不久，宣宗正大力复兴佛教，其造像艺术风格显得较为粗拙，塑形与刻工均不佳，反映出晚唐时期佛教艺术走向衰落的面貌。

这类四面造像佛塔或经幢属于汉地佛教发展出的特别样式，北朝隋唐时期四面佛龛造像颇为流行，所刻佛像题材也颇丰富，主要有释迦、弥勒、阿弥陀佛（即无量寿佛）、定光佛（即

燃灯佛）等组合。如北齐隋代响堂山石窟中，释迦、阿弥陀佛与弥勒的三壁三佛制是较普遍的石窟造像组合形式。初盛唐时期，释迦、弥勒、阿弥陀佛与药师佛组合的四面佛像基本形成。据研究，这是佛教思想中时间"竖化"的阿弥陀佛、释迦佛、弥勒佛与空间"横化"的阿弥陀佛、释迦佛、药师佛的法身图像体系的中国化再造组合。著名的西安大雁塔唐代石刻门楣四面线刻佛像、山东泰安长清县神宝寺盛唐开元年间白石四佛像、山西博物院藏最近回流的盛唐时期邓峪石塔四面佛像，再如盛唐敦煌莫高窟第117窟窟顶即画此四佛。龙门石窟开元五年（717）魏牧谦像龛记文称："……为亡妣造阿弥陀佛像、释迦牟尼像、弥勒像合为三铺，同在一龛。"

1988 年，西北大学实际寺遗址内发现一件残四面佛石幢，有学者解读为密宗金刚界四面佛像，实则不然。根据其四面图像大概可知，其与龙门石窟此类四面佛幢塔上的结构基本一致，仍属于释迦、阿弥陀、药师与弥勒四佛组合。1988 年陕西西安市北郊出土的四面石塔构件以及苏州瑞光寺塔所出五代吴越国时期石刻经函四面上也雕刻此四佛。

关于此经幢，张乃翥先生曾撰文详细考证。圣善寺是位于东都洛阳长夏门东章善坊的唐代著名皇家寺院，前身是唐中宗因复兴李唐皇室而建的中兴寺，武则天薨后，中宗为武后追福，取《诗经·凯风》中"母氏圣善"之意，改中兴寺为圣善寺。盛唐时期，圣善寺曾是北宗禅第八代宗师弘正禅师住持之寺。尤可注意的是，"开元三大士"之一的善无畏随玄宗到东都后驻锡该寺，据盛唐古文家李华《大唐东都大圣善寺故中天竺国善无畏三藏和尚碑铭并序》载："随驾至洛京，诏于圣善寺安置。"北宗禅的诸多重要僧人与密教大师善无畏、金刚智多有交往，或拜师问道，或参与翻译密教典籍。白居易与圣善寺也关系密切，白氏文集中尊胜经幢记文两篇与圣善寺僧相关，反映了北宗禅与密教信仰相融合的历史。该件塔幢上刻多种真言陀罗尼，也反映了晚唐圣善寺仍受盛中唐密教信仰的影响。此外，该经幢纪文中还记录了龙门弘圣寺的重要信息。

参考文献

① 张乃翥《龙门藏幢读跋两题》，《敦煌研究》1989 年第 2 期，第 27—34，26 页。

② 白文《关中隋唐佛教艺术研究》，陕西人民教育出版社，2000 年，第 213—221 页。

③ 于向东《邓峪石塔的塔身四面造像研究》，《南京艺术学院学报（美术与设计）》2018 年第 1 期，第 79—85 页。

④ 王晶《神宝寺四方佛》，《文物》1986 年第 8 期，第 95 页。

⑤ 姜颖君《神通寺四面造像考》，《文物鉴定与鉴赏》2019 年第 2 期，第 5—13 页。

⑥ 柏明《唐代长安太平坊与实际寺——西北大学校园考古新发现》，西北大学出版社，1994 年。

⑦ 刘景龙、李玉珉主编《龙门石窟碑刻题记汇录》，中国大百科全书出版社，1997 年，第 316 页。

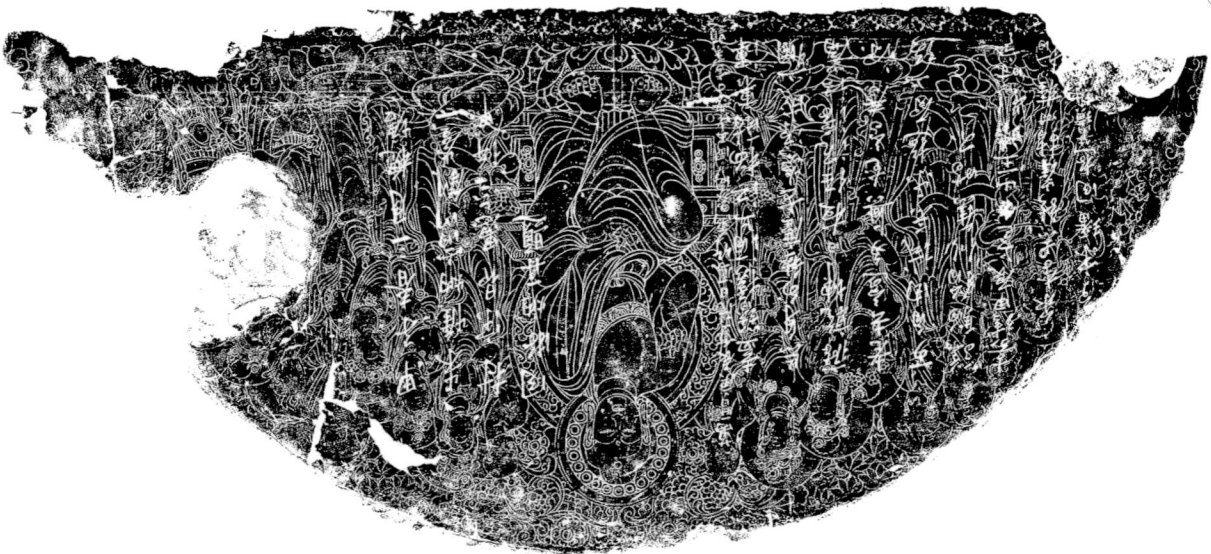

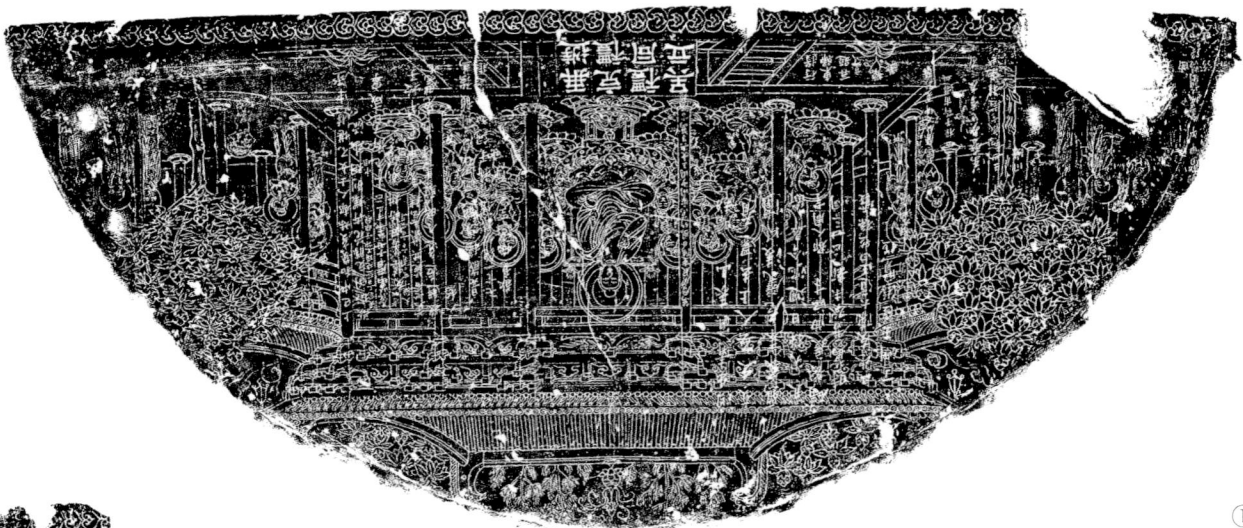

大连凉泉寺石门沿线刻佛像（录置位位为右铁刻）

(1) 南西菩萨寺尼佛像一铺　　(2) 南西西方阿弥陀佛像一铺
(3) 东西末佛尼勒佛像一铺　　(4) 北西末方药师佛像一铺

（资料来源：四川省《四古遗迹》，日本堆坡社，1966年，第 61-66 页）

东壁南侧比丘尼法光造弥勒像

东壁南侧比丘造佛像

中心柱龛比丘尼法勝造白玉像

东方净土世界阿弥陀佛像

（三）

（二）

（一）

（四）

（五）

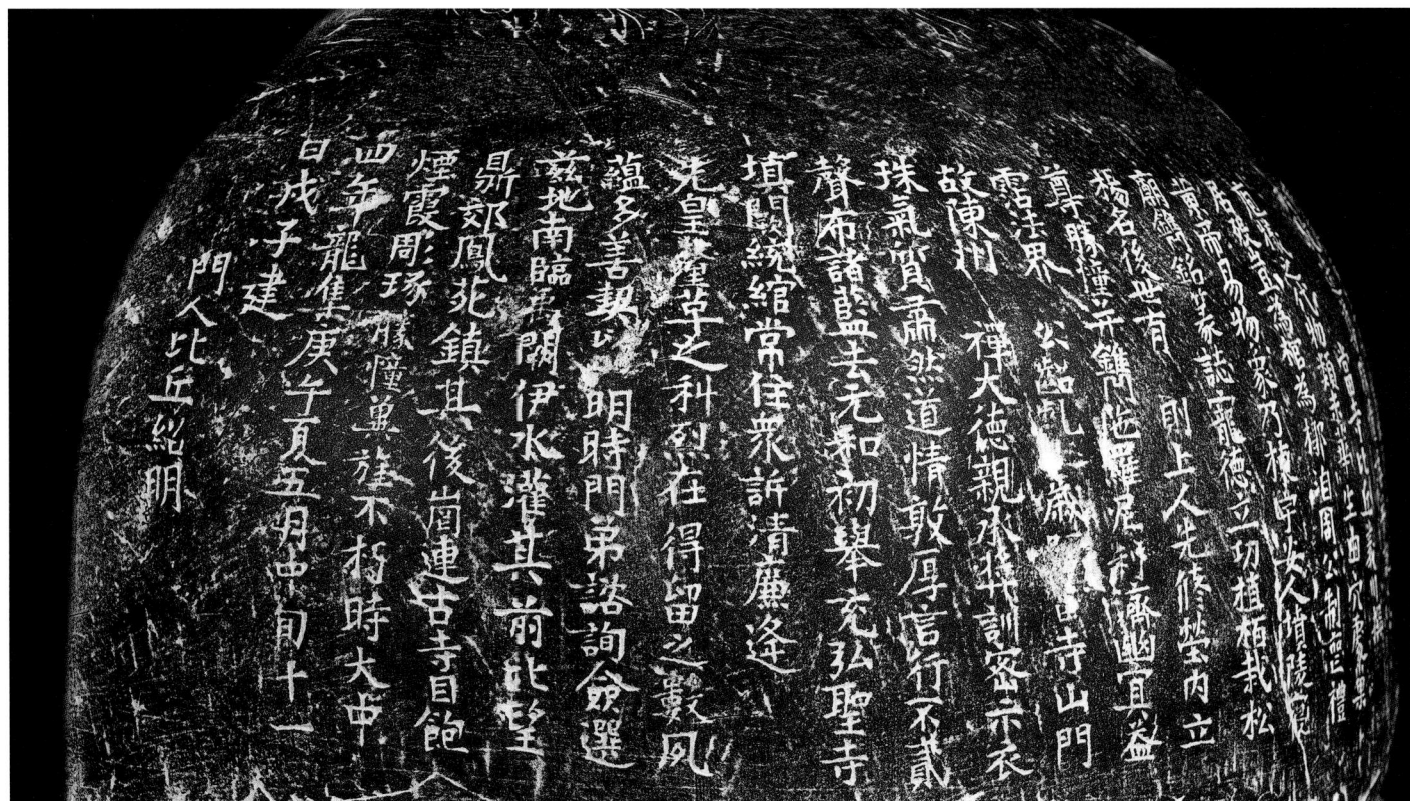

（六）

六六 ▍

狮子像

唐（618—907）

高 55 厘米 宽 39 厘米 厚 28 厘米

原位于龙门石窟西山清明寺

20 世纪 30 年代被盗凿

1968 年上海博物馆送还

龙门石窟研究院藏

Figure of Lion

Tang Dynasty (A.D. 618-907)

Height:55cm Width:39cm Thickness:28cm

Originally in Qingmingsi Temple of Longmen West Hill

Stolen in 1930s

Returned by Shanghai Museum (1968)

Longmen Grottoes Academy

　　狮子像头部稍扭向左侧张望、前腿伸开呈蹲坐状。腿下段、胸部以后缺失，张嘴怒目，威武雄壮，胸部和两肩肌肉隆起，造型稳重气势非凡，写实技巧纯熟。

　　原为龙门清明寺（557窟）南壁狮子，20 世纪 30 年代被盗凿，后藏于上海博物馆。1968 年经双方协商，上海博物馆主动将此尊狮子像归还龙门文物保管所。

　　唐代是石狮雕刻艺术的高峰时期，多呈蹲坐式，形象威猛，体魄雄伟，对后世石狮艺术影响深远。唐太宗贞观九年（635），西域进献狮子像。虞世南作《狮子赋》云："其为状也，则筋骨纠缠殊文异，制阔臆修，尾劲毫柔，毚钩爪，锯牙藏锋，蓄锐弭耳，宛足伺间，借势暨乎，奋鬣舐唇，倏来忽往，瞋目电曜，发声雷响……是以名将假其容，高人图其质。罄其威以凌厉，美其风而赞述。"多年后，牛上士另作《狮子赋》云："故其方颐蹙额，隅目高眶；攫地蹲踞，腾空抑扬。簇拳毛以被颈，缕柔毚以为裳。□□哮呼奋迅，□□腾振，掌□攒铍，口衔霜刃，怒双睛以电射，揭一吼而雷震。"唐人诗赋中所描写狮子与石刻中所见狮子，气势上盖可见其仿佛。

六七

石雕四龙托莲座

唐（618—907）
高 24—28 厘米 上部仰莲座直径 33 厘米
2008 年龙门石窟东山擂鼓台区窟前建筑遗址出土
龙门石窟研究院藏

Lotus Pedestal Lifted by Four Dragons

Tang Dynasty (A.D. 618-907)
Height:24-28cm Diameter of the upper lotus pedestal: 33cm
Excavated around Leigutai Three Caves in Longmen East Hill (2008)
Longmen Grottoes Academy

该残部以四龙托仰莲瓣台座为造型。四龙均昂首紧靠圆柱，前爪上举，龙角须发后扬，额骨凸出，双目怒睁，阔嘴含珠，獠牙毕露，身侧龙鳞鲜明，神威湛然。这类四龙托莲台座很可能是寺院灯台或灯幢类石刻的残件。

佛教四龙装饰渊源于汉代四龙艺术，如河北博物院藏错金银四龙四凤铜方案座便是著名器物。汉地佛教巧妙借用本土龙纹图像替代古印度佛教原有的眼镜蛇为代表的"龙族"形象，并广泛运用于佛教建筑、绘画与造像艺术等诸多领域，由此成为中国化佛教艺术的重要特征之一。北魏平城时期亦见有四神兽灯台（山西大同御昌佳园墓地出土）。四龙托莲座常见于唐代佛教石灯上，如西安碑林博物馆藏乾县石牛寺四龙石灯、河南博物院藏登封会善寺四龙石灯残件等。

上图：唐 盘龙石灯 原陕西乾县湖村石牛寺 陕西碑林博物馆藏
下图：唐 盘龙石灯 河南登封会善寺出土 河南博物院藏

石雕莲座

唐（618—907）
高 22 厘米 长 64 厘米 宽 61 厘米
2013 年龙门石窟东山擂鼓台南洞外南侧出土
龙门石窟研究院藏

Lotus Pedestal

Tang Dynasty (A.D. 618-907)
Height:22cm Length:64cm Width:61cm
Excavated around Leigutai South Cave in Longmen East Hill
(2013)
Longmen Grottoes Academy

　　此莲座为方形高浮雕双重覆莲瓣台座，莲瓣刚健饱满，瓣尖凸起，雕刻精美，属盛中唐时期文物，展现了唐代精湛雄浑的雕刻工艺。

六九

灯座

唐（618—907）
高 62 厘米
上部仰莲直径 26 厘米 下部仰莲直径 29.5 厘米
2008 年龙门石窟东山擂鼓台区窟前建筑遗址出土
龙门石窟研究院藏

Lamp Basement

Tang Dynasty (A.D. 618-907)
Height: 62cm
Diameter of upper lotus pedestal: 26cm
Diameter of bottom lotus pedestal: 29.5cm
Excavated around Leigutai Three Caves in Longmen East Hill (2008)
Longmen Grottoes Academy

　　由中间八棱柱和上下各一仰莲座组成，上下灯座浮雕多层莲瓣，棱柱顶端设榫，插入上部仰莲座底之卯眼中，灯柱上刻有繁复精美的花纹。

　　由中间八棱柱和上下各一仰莲座组成，上下灯座浮雕多层莲瓣，棱柱顶端设榫，插入上部仰莲座底之卯眼中，灯柱上刻有繁复精美的花纹。石灯台自北朝佛教兴盛以来颇为流行，唐代样式更加多元且华丽，从皇室贵族到平民百姓均有制作供养。据敦煌遗书 P.4646《观心论》（法国国家图书馆藏）云："灯者，觉正心觉也。以智慧明了，喻之为灯，是故一切求解脱者，常以身为灯台。心为灯盏，信为灯炷，增诸戒行，以为添油；智慧明达，喻灯火常燃；如是真如正觉，破一切无明痴暗。能以此法，转相开悟，即是一灯燃百千灯。以灯续明，明终不尽，以无尽故，号曰'长明'。过去有佛号曰燃灯，义亦如是。"现今各地仍存有不少唐代石灯台文物，尤以北方陕西、河南、山西等地居多。

七〇

李夫人墓碑

唐天宝三载（744）
底座：高 17.5 厘米 宽 36 厘米 厚 40 厘米
碑身：高 62.5 厘米 宽 33.5 厘米 厚 11 厘米
1985 年龙门石窟西山出土
龙门石窟研究院藏

The Gravestone of Mrs Li

Tang Dynasty (A.D. 744)
Base:
Height:17.5cm Width:36cm Thickness:40cm
Body:
Height:62.5cm Width:33.5cm Thickness:11cm
Excavated from Lomngmen West Hill (1985)
Longmen Grottoes Academy

　　该碑为螭首龟趺座碑，由碑首、碑身和底座三部分组成。该墓碑上承汉晋碑志规制，采用圭形墓碑而非北朝隋唐流行的方形墓志样式，这在唐代颇为罕见，或反映了墓主人遵循复古礼制风俗。碑立于唐玄宗天宝三载（774），碑额题刻"大唐故李夫人之碑记"。碑文记述了陇西李夫人窦氏家世和生平事迹，身后葬于龙门。碑记录文如下：

　　　　唐扶风窦氏李夫人碑铭并序。夫人姓李氏，本陇西人也。始祖为理官，因命氏焉。自诏贤良，以为辅佐，重光累代，史失其书，至太父处忠。有唐已来，簪缨不绝。夫人含令淑之姿，有窈窕之美，工艺织纴，勤休澣濯。萧雍多枋合礼，贞顺可以事人。年始初笄，礼归于扶风窦氏。公少习诗礼，早闻儒素，久怀隐逸之志，数征不允。旁求夫人，事舅姑之孝，顺娣姒之礼，虽古之齐姜宋子，亦何以加也。遂舍归释典，洗心禅宗，将有为之，必空悟无生之合契，数载通于《楞伽》，以此为证矣。嗟乎！降寿不永载，寝疾终于思顺里之私第。龟以协从，耆以告吉，遂葬于龙门之原，礼也。府君乃慨然叹曰：偕老之愿何谬，悼亡之心已苦。顾眄怃悦，周遑涕泣。敬因状固请曰：彰善之事，乃公杨哉。刊石立碑。其记云：婉彼淑丽，妇德和柔。归真有觉，息虑无求。伤哉天柱，旷矣奁帏。辽号夐今，天道悠悠。天宝三载闰二月三日男子顽等建造。

　　该夫人墓志中称："遂捨归释典，洗心禅宗。将有为之必空，悟无生之合契。数载通于《楞伽》，以此为证矣。"可知其与盛唐禅宗传播颇有渊源。

　　《楞伽经》是影响中国思想文化极为重要的佛教经典之一，主张"一切众生悉有佛胜"，世传有四译，现存三本。一为刘宋元嘉二十年（443）求那跋陀罗译《楞伽阿跋多罗宝经》，共四卷；二为元魏菩提流支译《入楞伽经》，共十卷；三即唐于阗三藏实叉难陀长安四年（704）在洛阳三阳宫重新译出、武则天亲自作序流通的《大乘楞伽经》，共七卷，沙门复礼、法藏等笔受缀文。《楞伽经》主张大乘心性之说，尤以实叉难陀译本最为同行，成为禅宗的核心经典。武则天曾撰序文赞曰："讨三本之要诠，成七卷之了教……三十九门，破邪见而宣经旨。"参与实叉难陀译场的法藏曾撰《入楞伽经心玄义》一卷。据龙门石窟研究院藏《大唐中岳东闲居寺故大德珪和尚纪德幢》文载元珪和尚："自后缁素请益，山门继踵，谦让推德，必至再三。常饮味《楞伽经》，以为心镜。"又元珪弟子、大敬爱寺沙门智俨撰《楞伽经注》数卷。李夫人"洗心禅宗"，通晓《楞伽》，盖受此禅风影响。

参考文献

① 张成渝、张乃翥《龙门地区出土文物与丝绸之路上的人文交流》，《石河子大学学报（哲学社会科学版）》2020 年第 6 期。
② 李晓霞、贺志军、裴佳丽《龙门石窟馆藏〈大唐故李夫人之碑记〉考》，载中国大运河博物馆编《中兹神州：绚烂的唐代洛阳城》，江苏凤凰文艺出版社，2022 年。

文物歸來

海外流失龙门造像的回归

晚清民国时期，一批海外探险者和考古学家来到中国考察，古董商与收藏家也纷至沓来，无数珍贵文物被毁坏、盗劫或低价买走。龙门石窟也难逃此厄运，大量洞窟遭到破坏，千年石窟盛景备受摧残。据不完全统计，流散海外的龙门造像现存于日本、美国以及欧洲多个国家公私机构，达200余件组。其中最为著名的宾阳中洞孝文帝与文昭皇后礼佛浮雕像，分别藏于美国大都会艺术博物馆和纳尔逊艺术博物馆。

促进流失文物归还原属国已成为国际社会的普遍共识和期望。2001年，加拿大国家美术馆向中国国家文物局无偿归还龙门石窟看经寺迦叶罗汉像，开启了龙门石窟遗失文物的回归之路。许多非法出境的中国文物在海外颠沛流离，让人痛心，期待更多的流散文物能早日回归故土。

Return of the Cultural Heritages

The Return of Longmen Statues Lost Overseas

In the eras of late Qing and the Republic of China, a group of foreign explorers and archaeologists came to China to investigate, and antique dealers and collectors also came for art works. Countless precious cultural relics were destroyed, robbed, or bought at low prices. The Longmen Grottoes cannot escape this fate either: a large number of caves have been destroyed, and the thousand-year-old grottoes have been gravely damaged. According to incomplete statistics, the Longmen Grottoes' statues have been scattered overseas, which are now in public and private institutions in Japan, the United States, and many European countries, totalling more than 200 pieces or sets. Among them, the most famous relief sculptures of Emperor Xiaowen and Empress Wenzhao worshipping the Buddha from Binyang Cave are now in the Metropolitan Museum of Art and the Nelson-Atkins Museum of Art.

It has become a universal consensus and expectation of the international community to promote the return of lost cultural relics to their countries of origin. In 2001, the National Gallery of Canada returned to the National Cultural Heritage Administration of China the statue of Arhat Mahakassapa from the Kanjing cave-temple of the Longmen Grottoes, which opened the way for the return of the lost cultural relics of the Longmen Grottoes. Many Chinese cultural relics that have left the country illegally have been displaced overseas, which is distressing. It is hoped that more cultural relics will return to their homeland as soon as possible.

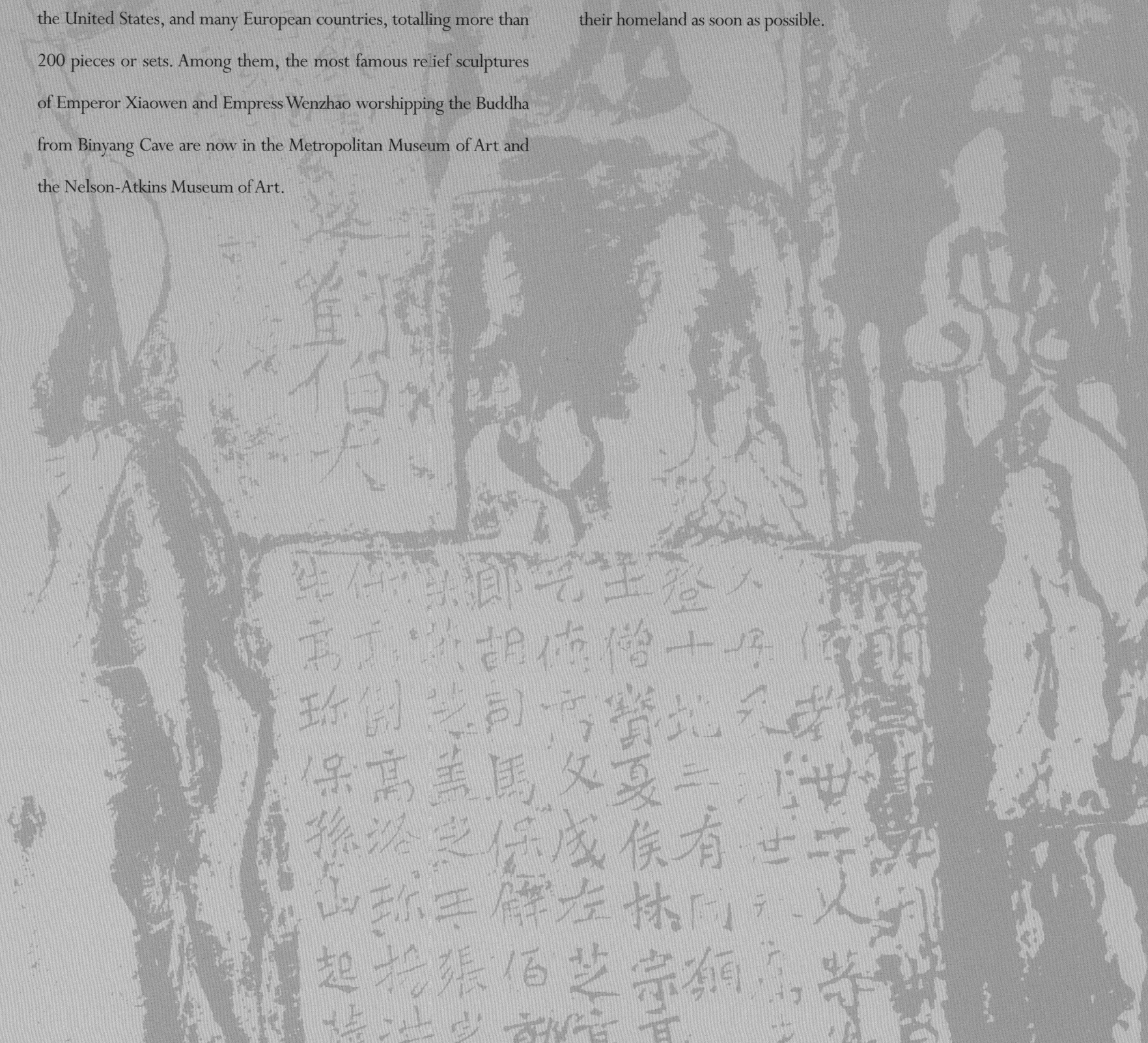

七一

佛头像

北魏 景明三年（502）
高 32 厘米 宽 14 厘米 厚 12.5 厘米
原龙门石窟西山古阳洞高树等造像龛佛头
2005 年 10 月回归龙门石窟
龙门石窟研究院藏

Head of Buddha

The 3rd Year of Jingming Period, Northern Wei Dynasty (A.D. 502)
Height：32cm Width：14cm Thickness：12.5cm
Originally in Gaoshu Niche in Guyang Cave of Longmen West Hill
Returned to Longmen in 2005
Longmen Grottoes Academy

佛像头部表面局部有剥蚀风化，头上高肉髻，波状发纹，眉间有白毫相，脸形修长，五官清秀，刀法刚健有力，颈下保存一部分斜披袈裟之襟缘，系北魏后期龙门佛教造像艺术"秀骨清像"的范例。

20 世纪初期被盗凿，运往法国，后流落比利时，1991 年由美籍华人陈哲敬收藏。1992 年，专家确认为古阳洞北壁高树解伯都等三十二人造像龛主尊的头部，该龛造像题记为"龙门二十品"之一。

古阳洞北壁南树等造像龛及题记现状

七二

菩萨头像

北魏（398—534）
高 23 厘米 宽 9.2 厘米 厚 7 厘米
2005 年 10 月回归龙门石窟
龙门石窟研究院藏

Head of Bodhisattva

Northern Wei Dynasty (A.D. 398-534)
Height:23cm Width:9.2cm Thickness:7cm
Returned to Longmen in Oct, 2005
Longmen Grottoes Academy

该头像戴化佛宝冠，面相清秀消瘦，阴线刻弯月眉，双目低垂，姿态安详。整体具有龙门石窟古阳洞北魏交脚弥勒造像风格，可能与古阳洞等造像有关。

化佛宝冠见于古印度马图拉与犍陀罗造像艺术中。早期汉地佛教艺术中化佛冠常见于弥勒菩萨装饰上。莫高窟第 275 窟北凉交脚菩萨像（一般认为是弥勒）头戴三瓣式宝冠，云冈石窟北魏菩萨造像也多见化佛装饰，如第 18 窟主像东侧的胁侍菩萨与第 11 窟东壁中部盝形龛交脚弥勒皆戴化佛宝冠。龙门石窟古阳洞也流行化佛冠弥勒菩萨像。据沮渠京声译《观弥勒菩萨上生兜率天经》载："其天宝观有百万亿色，一一色中有无量百千化佛。"北朝晚期，随着净土经典的翻译与思想的流行，化佛冠逐渐成为观音菩萨最典型的特征。当然，化佛宝冠也见于其他菩萨装饰发冠中。

参考文献

① ［日］肥塚隆撰，刘永增译《莫高窟第 275 窟交脚菩萨像与犍陀罗的先例》，《敦煌研究》1990 年第 1 期，第 16—24 页。
② 赵超《略谈中国佛教造像中弥勒形象的演变》，《中国历史文物》2003 年第 2 期，第 4—10 页。
③ 龙中《弥勒发冠演变过程》，《雕塑》2016 年第 4 期，第 62—63 页。

北魏 交脚弥勒像龛
龙门石窟古阳洞

七三

佛头像

唐（618—907）

高 43 厘米 宽 26 厘米 厚 19 厘米

2005 年 10 月回归龙门石窟

龙门石窟研究院藏

Head of Buddha

Tang Dynasty (A.D. 618-907)

Height:43cm Width:26cm Thickness:19cm

Returned to Longmen in Oct, 2005

Longmen Grottoes Academy

　　该尊像形体硕大，表面风化严重。面容饱满，眼半闭斜上，嘴含微笑，蕴涵寂静，属于龙门石窟盛唐时期典型的雕刻风格。

　　盛唐为龙门石窟开凿鼎盛期，雕塑艺术价值极高，龙门盛唐时期的佛首盗损严重。目前，龙门盛唐时期大型立佛、坐佛 40 多尊，大多有身无首。

七四

佛头像

唐（618—907）
高 17.8 厘米 宽 10 厘米 厚 5 厘米
2005 年 10 月回归龙门石窟
龙门石窟研究院藏

Head of Buddha

Tang Dynasty (A.D. 618-907)
Height:17.8cm　Width:10cm　Thickness:5cm
Returned to Longmen in Oct, 2005
Longmen Grottoes Academy

　　该头像顶有高肉髻，三朵漩涡形发纹呈品字排列。面部丰满圆润，长眉细目，双眼微闭，神态娴静似入禅境。雕刻手法朴实，刀法流利自然，应为龙门唐代某佛龛中散落的小佛。表面有局部钙化。

七五

摩诃迦叶祖师像

初唐（618-712）
高 85 厘米 宽 56 厘米 厚 7 厘米
原龙门石窟东山看经寺洞南壁罗汉像
2001 年 4 月回归龙门石窟
龙门石窟研究院藏

Arhat Kashyapa Statue

Tang Dynasty (A.D. 618-712)
Height:85cm Width:56cm Thickness:7cm
Originally in Kanjingsi Cave of Longmen East Hill
Returned to Longmen in Apr, 2001
Longmen Grottoes Academy

该迦叶像高鼻深目，髋骨凸出，阔嘴大耳，宽袍大袖，衣纹清晰，双手持莲。据研究，此像为龙门石窟东山唐代看经寺（第 2194 窟）南壁西起第一身祖师像，为佛弟子迦叶像。

该造像于 1936 年至 1940 年之间被盗。1970 年，伦敦苏富比公开拍卖，芝加哥玛丽莲·阿尔斯多夫（Marilynn Alsdorf）以 6500 英镑购得，同年出现在芝加哥艺术馆举办詹姆斯及阿尔斯多夫伉俪（James W. and Marilynn Alsdorf）收藏的"中国艺术"展上。此后，该造像为加拿大慈善家、艺术品收藏家赫尔曼·利维（Herman Levy）所得，1978 年，利维将其捐赠给加拿大国家艺术馆并展出。2001 年，加拿大国家艺术馆经研究发现该件作品属龙门石窟看经寺被盗迦叶尊者像，于是决定将其无偿送还中国。这是龙门石窟通过国际合作渠道回归的第一件流散珍贵文物。

龙门石窟看经寺位于东山万佛沟北侧，属于武则天至唐玄宗年间开凿的大型皇家石窟，完工于开元十年至开元十五年间（722—727），也是中国石窟中最大的一组祖师群像。看经寺窟龛内正壁和南北下方共高浮雕二十九尊人物像，早期学者多称罗汉群像，现今学界多称祖师像，更为妥当。

佛教祖师像的记载源于北魏昙耀与西域三藏吉迦夜共译的《付法藏因缘传》，该经阐述历代祖师付嘱心法的传承，首倡二十五祖之说，即古印度释迦付法传承从迦叶、阿难、商那和修、优婆鞠多、弥遮迦、提多迦、佛陀难提、佛陀密多、胁比丘、富罗奢、马鸣、比罗、龙树、迦那提婆、罗睺罗、僧迦难提、僧伽耶舍、鸠摩罗驮、阇夜多、婆修槃陀、摩奴罗、鹤勒那、夜奢、师子等共二十四祖流传世系。昙耀的付法藏思想开启了中国佛教祖师传灯思想的先河，它由隋代灵裕完整地继承下来，图像则首见于灵裕开凿的河南安阳宝山大住圣窟，该石窟内壁所刻传法二十四祖像即按《付法藏因缘传》的记载依次雕刻。

龙门石窟祖师像雕刻或即渊源于此付法藏思潮。龙门石窟擂鼓台中洞龛内即刻此《付法藏因缘传》，龛内下方浮雕二十五尊祖师像与此经所载基本吻合。据相关学者考证，看经寺二十九尊像可能与当时北宗禅普寂、义福在两京的传法活动密切相关，是确立禅宗法统的重要举动，其形象生动，具有高度的写实性，应是从摩诃迦叶到菩提达摩共二十九位祖师像。二十九祖传承见于隋费长房《历代法宝记》即"西国二十九代"祖师记载，敦煌本《六祖坛经》亦持二十九祖说。

当然，也有学者如李崇峰认为这些浮雕高僧像并非都是胡貌，据唐张彦远《历代名画记》黄休复《益州名画录》等文考证，"或许为 7—8 世纪两京地面佛寺中常见的'行僧'像，而非西土传法二十九祖"。

参考文献

① 温玉成《龙门唐窟排年》，载龙门文物保管所，北京大学考古系编《中国石窟·龙门石窟》，文物出版社，1992年，第210页。

② 陈清香《龙门石窟看经寺洞罗汉群像探讨——西天二十八或二十九祖师说的最早例证》，载《龙门石窟一千五百周年国际学术讨论会论文集》，文物出版社，1996年。

③ 王振国《关于龙门擂鼓台中洞与看经寺的罗汉问题》，载敦煌研究院编《2004年石窟研究国际学术会议论文集》，上海古籍出版社，2006年，第1007—1017页。

④ 王惠民《祖师传承及其在中国的流行》，载李振刚主编《龙门石窟研究文集（2004年龙门石窟国际学术研讨会论文集）》，河南人民出版社，2006年，第640页。

⑤ 袁德领《龙门石窟中武周时期的禅窟研究》，《敦煌研究》2010年第1期，第51—55页。

⑥ 李崇峰《地婆诃罗香山寺与"石像七龛"》，载氏著《佛教考古：从印度到中国II》（修订本），上海古籍出版社，2020年，第556—558页。

看经寺外景

看经寺窟龛主佛与窟内全景（中心坛上佛像为后期移入）

唐 看经寺祖师像

东山看经寺

腰壁罗汉列像

红框内为摩诃迦叶像（资料来源：水野清一、长广敏雄著《龙门石窟の研究》，座右宝刊行会，1941 年，第 118—119 页，第百十图）

七六

观音菩萨头像

唐（618—907）
高 37 厘米 宽 17 厘米 厚 16.5 厘米
原龙门石窟西山火顶洞主尊左胁侍观音菩萨头像
2005 年 10 月回归龙门石窟
龙门石窟研究院藏

Head of Avalokitesvara (Guanyin)

Tang Dynasty (A.D. 618-907)
Height:37cm Width:17cm Thickness:16.5cm
Originally in Huoding Cave of Longmen West Hill
Returned to Longmen in Oct, 2005
Longmen Grottoes Academy

该尊造像头顶挽高发髻、髻前饰化佛，脸形丰腴适中、五官匀称，神态静穆端庄。

20 世纪 30 年代被盗，20 世纪 80 年代美籍华人陈哲敬收藏，1992 年确认位置在第 1524 窟（火顶洞）北壁，是正壁主佛的左胁侍菩萨，堪称唐代佛教造像的杰作之一。

火顶洞被盗菩萨像现状

火顶洞内景

天王头像

盛唐（8 世纪）
高 35 厘米 宽 19 厘米 厚 16.5 厘米
2005 年 10 月回归龙门石窟
龙门石窟研究院藏

Head of Lokapala(Heavenly King)

Tang Dynasty (8th Century A.D.)
Height：35cm Width：19cm Thickness：16.5cm
Returned to Longmen in Oct, 2005
Longmen Grottoes Academy

　　该头像保存完整。双颊浑圆，眉头紧蹙，怒目圆睁，神气威严，属于盛唐典型写实主义样式。经对比资料考证，此件很可能是第 1524 窟中两件流失的天王头像之一，另一件现藏于美国国立亚洲艺术博物馆藏。

唐 天王头像 龙门石窟第 1524 窟
美国国立亚洲艺术博物馆藏

七八 ▎

飞天像

唐（618—907）
高 20 厘米 长 36 厘米 厚 9 厘米
2005 年 10 月回归龙门石窟
龙门石窟研究院藏

Figure of Apsara

Tang Dynasty (A.D. 618-907)
Height:20cm Length:36cm Thickness:9cm
Returned to Longmen in Oct, 2005
Longmen Grottoes Academy

　　该飞天表面有剥蚀，面部饱满秀丽，腰身扭转，披帛飘舞，体态轻盈飘逸，生动传神，应为龙门某洞窟伎乐天中盗凿下来的珍品。

宾阳中洞飞天

附录一　龙门石窟流散造像一览

晚清民国时期，由于欧美列强与日本等相关机构、藏家勾结国内文物商贩，大肆盗凿，龙门石窟遭受严重的破坏，大量造像被盗至海外。根据初步调查，龙门石窟流散海外文物主要集中在美国、加拿大、法国、英国、瑞典与日本等发达国家。为学者了解与研究参考之便，兹将海内外重要机构藏龙门造像搜集、梳理、附录于此。

编者按：本书收录资料多源自欧美日等相关博物馆官方网站公开资料以及相关书籍著录，定名略有改动。国际拍卖机构、私人藏家所收龙门造像较为复杂，暂未收录。此外，近代作伪的北魏交脚弥勒菩萨像赝品颇多，据学者考证为赝品者或存疑者兹不收录。未尽之处，以待将来补正。限于资料与精力有限，难免错漏，敬请方家指正。

美国大都会艺术博物馆藏

北魏　孝文帝礼佛图　藏品号：35.146
长 393.7 厘米　宽 208.3 厘米
龙门石窟　宾阳中洞东壁

美国纳尔逊 - 阿特斯金艺术博物馆藏

北魏　文昭皇后礼佛图　藏品号：40—38
长 203.2 厘米　宽 278.13 厘米
龙门石窟　宾阳中洞东壁

美国大都会艺术博物馆藏

北魏 菩萨头像 藏品号：41.98
高 34.9 厘米 宽 17.1 厘米 厚 10.2 厘米
龙门石窟古阳洞

北魏 菩萨立像 藏品号：48.182.4
高 59.1 厘米 宽 15.9 厘米 厚 6.4 厘米
龙门石窟古阳洞

北魏 菩萨立像 藏品号：48.176
高 55.9 厘米 宽 14.9 厘米 厚 7 厘米
龙门石窟古阳洞

北魏晚期 菩萨头像 藏品号：18.56.40
高 54.1 厘米
龙门石窟古阳洞

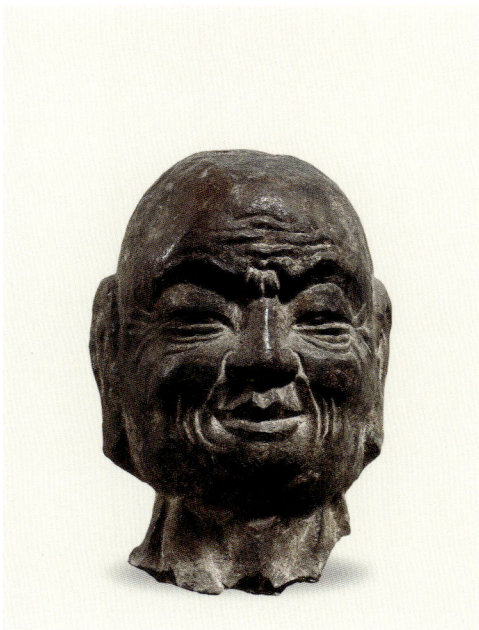

北齐－唐 迦叶头像 藏品号：60.73.1
高 53.3 厘米 宽 37.8 厘米
龙门石窟药方洞

唐 菩萨立像 藏品号：40.173
高 47 厘米 宽 34.3 厘米
龙门石窟

美国纳尔逊－阿特斯金艺术博物馆藏

北魏 菩萨头像
高 49.21 厘米 宽 24.77 厘米 厚 24.13 厘米
龙门石窟

北魏 菩萨残像
高 27.31 厘米 宽 10.16 厘米
龙门石窟

唐 浮雕石狮子 藏品号：33-670
高 140.97 厘米 宽 99.06 厘米 厚 30.48 厘米
龙门石窟万佛洞

唐 浮雕石狮子 藏品号：40.70
高 112 厘米 宽 94 厘米 厚 38.5 厘米
龙门石窟万佛洞

唐 天王立像 藏品号：36.138
高 174 厘米 宽 75 厘米 厚 30 厘米
龙门石窟

北魏 弥勒菩萨交脚像
高 45.3 厘米
龙门石窟

北魏 一佛二菩萨头像 藏品号：1943.53.50
高 63.5 厘米 宽 31.2 厘米
龙门石窟

北魏 坐佛 藏品号：y1940-2
高 44.5 厘米 宽 26.8 厘米 厚 7.0 厘米
龙门石窟

唐 佛头像 藏品号：2008-48
高 39.4 厘米 宽 21.2 厘米 厚 22 厘米
龙门石窟

唐 罗汉像 藏品号：y1940-1
高 60 厘米 厚 16.5 厘米
龙门石窟

美国宾夕法尼亚大学考古学与人类学博物馆藏

北魏　交脚弥勒石像　藏品号：40-35-3
高 61 厘米　宽 32 厘米
龙门石窟

唐　力士石像之一　藏品号：C399
高 54.61 厘米
龙门石窟

唐　力士石像之二　藏品号：C398
高 55 厘米
龙门石窟

美国国立亚洲艺术博物馆藏

北魏　维摩诘居士浮雕　藏品号：F2001.7
高 174.5 厘米　宽 141.4 厘米　厚 16.4 厘米
龙门石窟宾阳中洞东壁

北魏　菩萨头像　藏品号：F1913.71
高 47.6 厘米　宽 19.3 厘米
龙门石窟古阳洞南壁 S140 龛

唐　如来三尊像　藏品号：F1912.97
高 59.1 厘米　宽 52.5 厘米　厚 17 厘米
龙门石窟

唐　佛头像　藏品号：S1997.26
高 76.2 厘米
龙门石窟

唐　观音菩萨立像　藏品号：F1916.364
高 210.4 厘米　宽 51.4 厘米　厚 45 厘米
龙门石窟

唐　观音菩萨像　藏品号：F1974.4a-b
高 49.3 厘米　宽 35.5 厘米　厚 9 厘米
龙门石窟西山

唐 天王头像 藏品号：F1914.20
高 38.8 厘米 宽 19.8 厘米 厚 14.8 厘米
龙门石窟火顶洞

唐 佛头像 藏品号：FSC-S-30
高 11.8 厘米 宽 7 厘米 厚 5.8 厘米
龙门石窟

唐 菩萨头像 藏品号：FSC-S-31
高 10.5 厘米 宽 5.8 厘米 厚 3.3 厘米
龙门石窟

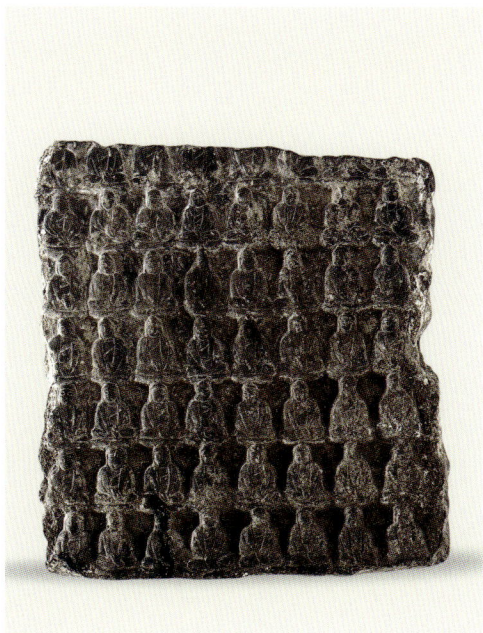

唐 千佛板残片 藏品号：F1911.421
高 36 厘米 宽 33.6 厘米 厚 10 厘米
龙门石窟

唐 罗汉头像 藏品号：F1913.134
高 32.1 厘米 宽 23.2 厘米 厚 18.8 厘米
龙门石窟

唐 菩萨头像 藏品号：F1916.355
尺寸不详
龙门石窟

美国国立亚洲艺术博物馆藏

美国洛杉矶郡立艺术博物馆

唐 力士头像 藏品号：F1911.431
尺寸不详
龙门石窟

北魏 菩萨像 藏品号：AC1995.248.1
高 33.97 厘米 宽 21.9 厘米
龙门石窟

北魏晚期 弥勒菩萨交脚像 藏品号：48.7
高 35.56 厘米
龙门石窟

北魏　持香炉飞天浮雕　藏品号：AC1998.251.33
高 43.18 厘米　宽 36.83 厘米　厚 4.76 厘米
龙门石窟

唐　菩萨像　藏品号：M.57.13.2
高 25.4 厘米
龙门石窟

唐　菩萨像　藏品号：M.57.13.1
高 58.42 厘米
龙门石窟

隋　佛头像　藏品号：B60S372
高 34.3 厘米　宽 22.9 厘米　厚 24.1 厘米
龙门石窟

唐　佛头像　藏品号：B60S39+
高 50.8 厘米　宽 29.2 厘米
龙门石窟

唐　佛头像　藏品号：B60S562
高 32.2 厘米　宽 29.9 厘米
龙门石窟

唐　观音菩萨像　藏品号：B60S494
高 42.9 厘米　宽 23.5 厘米
龙门石窟

唐　佛头像　藏品号：B62S46+
高 33 厘米　宽 15.9 厘米
龙门石窟

唐　佛头像　藏品号：B60S38+
高 66 厘米　宽 43.2 厘米　厚 30.5 厘米
龙门石窟擂鼓台中洞主尊

加拿大皇家安大略博物馆藏

北魏　弥勒菩萨交脚像
高 24.5 厘米
龙门石窟

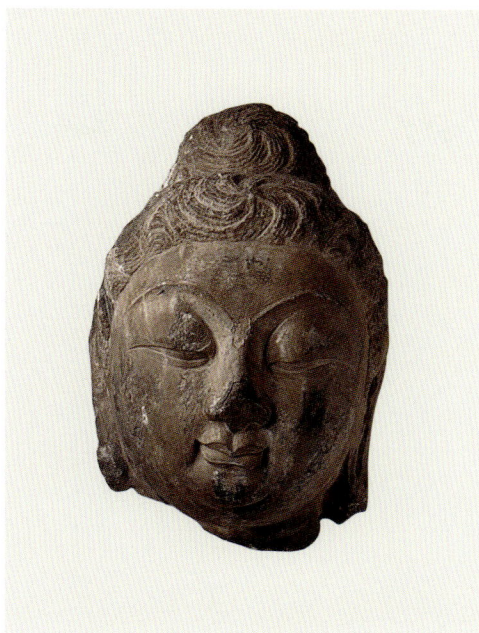

唐　佛头像　藏品号：921.21.156
高 42.5 厘米
龙门石窟

唐　菩萨立像　藏品号：921.21.153
高 58.4 厘米
龙门石窟

唐　菩萨像　藏品号：921.21.150
高 33 厘米
龙门石窟

唐　菩萨像　藏品号：921.21.151
高 48.3 厘米
龙门石窟

唐　迦叶头像　藏品号：923.24.197
高 15.9 厘米
龙门石窟

加拿大皇家安大略博物馆藏

唐　罗汉像　藏品号：921.21.143
高 56 厘米
龙门石窟

唐　罗汉像　藏品号：921.21.144
高 57 厘米
龙门石窟

英国维多利亚与艾尔伯特博物馆藏

北魏　伎乐飞天　藏品号：A.55-1938
高 64.5 厘米　宽 64 厘米
龙门石窟

北魏　弥勒像　藏品号：FE.109-1970
高64.5厘米　宽64厘米
龙门石窟

唐　佛头像　藏品号：A.27-1914
高34.3厘米
龙门石窟

唐　佛头像　藏品号：A.117-1920
高31.8厘米
龙门石窟

荷兰阿姆斯特丹国立博物馆　　　　法国赛努奇东亚艺术博物馆藏　　　　法国吉美国立亚洲艺术博物馆藏

北魏　弥勒菩萨交脚像　藏品号：AK-MAK-71
高46厘米　宽37.5厘米　厚8厘米
龙门石窟

北魏　佛头像　藏品号：M.C.6022
高度未详
龙门石窟

北魏　迦叶残像　藏品号：AA268
高59厘米
龙门石窟莲花洞正壁

瑞士苏黎世瑞特保格博物馆藏

唐　金刚力士像　藏品号：RCH 142
高108厘米　宽44厘米　厚28厘米
龙门石窟

唐　金刚力士像　藏品号：RCH 143
高107厘米　宽48.5厘米　厚27.5厘米
龙门石窟

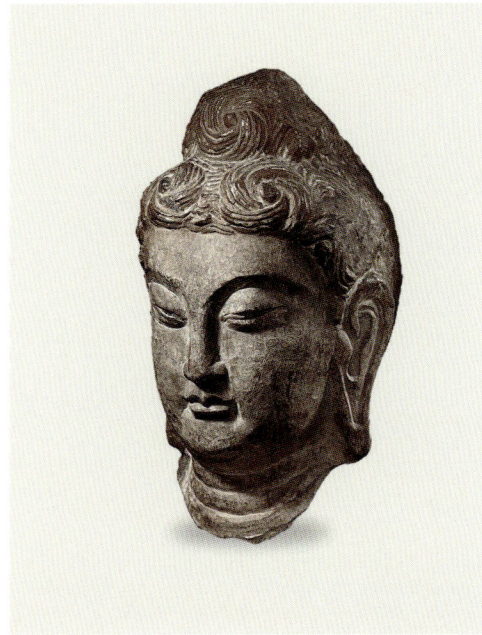

唐　佛头像　藏品号：RCH 165
高28厘米
龙门石窟宾阳洞

瑞士苏黎世瑞特保格博物馆藏

北魏 菩萨头像 藏品号：RCH 108
高 28.5 厘米
龙门石窟宾阳洞

德国科隆东亚艺术博物馆

唐 佛头像 藏品号：rba_mf700489
高 48 厘米
龙门石窟

日本东京国立博物馆藏

北魏 菩萨头像 藏品号：TC-465
高 91 厘米
龙门石窟宾阳中洞右胁侍菩萨

日本京都国立博物馆

唐 佛头像 藏品号：CK 60
高 44.1 厘米
龙门石窟

日本仓敷市大原美术馆藏

唐 佛头像
高 69.4 厘米
龙门石窟

唐 十一面观音头像
高 53.5 厘米
龙门石窟擂鼓台北洞

日本仓敷市大原美术馆藏

北魏 菩萨交脚像 藏品号：07-072
高 28.4 厘米 宽 18.3 厘米
龙门石窟

日本大阪市立美术馆藏

北魏 菩萨头像 藏品号：92.1
高 92.1 厘米
龙门石窟宾阳中洞胁侍菩萨

北魏 弥勒菩萨交脚像 藏品号：07-073
高 57.8 厘米
龙门石窟

北魏　神王头像　藏品号：07-071
高 34 厘米　宽 17.5 厘米
龙门石窟

北魏　永平四年　供养人行列图　藏品号：07-070
纵 24 厘米　横 47.3 厘米
龙门石窟古阳洞

唐　佛头像
高 39 厘米
龙门石窟敬善寺

唐　佛头像
高 44.3 厘米
龙门石窟大卢舍那佛龛崖壁

唐　佛头像
高 45 厘米
龙门石窟

唐　佛头像　藏品号：新 00014102
高 36.5 厘米，宽 19.5 厘米
龙门石窟大卢舍那佛龛崖壁

北魏　弥勒菩萨像
高 28 厘米
龙门石窟古阳洞

唐　佛头像
高 39 厘米
龙门石窟大卢舍那佛崖壁

唐　菩萨立像
高 46 厘米
龙门石窟

中国上海博物馆藏

中国旅顺博物馆藏

唐　金刚力士头像
高 44 厘米
龙门石窟

唐　力士头像
高 67 厘米
龙门石窟

北魏　菩萨头像
高 60.2 厘米
龙门石窟

图像资料来源

1. 美国纳尔逊 – 阿特斯金艺术博物馆：https://nelson-atkins.org/collection/

2. 美国国立亚洲艺术博物馆：https://asia.si.edu/collections/

3. 美国大都会艺术博物馆：https://www.metmuseum.org/art/collection

4. 美国波士顿艺术博物馆：https://www.mfa.org/collections

5. 美国旧金山亚洲艺术馆：https://collections.asianart.org/

6. 美国普林斯顿大学艺术博物馆：https://artmuseum.princeton.edu/collections

7. 美国洛杉矶县博物馆：https://collections.lacma.org/

8. 加拿大皇家安大略博物馆：https://www.rom.on.ca/en/collections-research

9. 法国赛努奇东亚艺术博物馆：https://www.cernuschi.paris.fr/fr/collections

10. 法国吉美国立亚洲艺术博物馆：https://www.guimet.fr/collections/

11. 英国维多利亚与艾尔伯特博物馆：https://www.vam.ac.uk/collections

12. 瑞士苏黎世瑞特保格博物馆：https://rietberg.ch/en/collection

13. 德国科隆东亚艺术博物馆：https://mok.kulturelles-erbe-koeln.de/documents/obj/05739029

14. 日本京都国立博物馆：https://www.kyohaku.go.jp/eng/syuzou/index.html

15. 日本大阪市立美术馆《大阪市立美術館山口コレクション中国彫刻》，图书印刷株式会社，2013 年。

16. 日本仓敷市大原美术馆：http://www.ohara.or.jp/en/

17. 上海博物馆提供。

18. 故宫博物院：https://digicol.dpm.org.cn

19. 旅顺博物馆提供。

20. 〔日〕东山健吾《流散于日本、欧美的龙门石窟造像》，载龙门石窟管理委员会编《中国石窟·龙门石窟（二）》，文物出版社，2012 年。

21. 龙门石窟研究所编《龙门流散雕像集》，上海人民美术出版社，1993 年。

22. 孙迪《中国流失海外佛教造像总合图目》（全 8 册），外文出版社，2005 年。

23. 金申《海外及港台藏历代佛像—珍品纪年图鉴》，山西人民出版社，2007 年。

24. 金申《历代佛像真伪鉴定》，紫禁城出版社，2008 年。

|展厅设计与场景图|
EXHIBITION DESIGN AND
SCENE GRAPH

序厅　　　　　　　　　　　　　　　　　第一单元　孝文革新

第二单元　东都政治

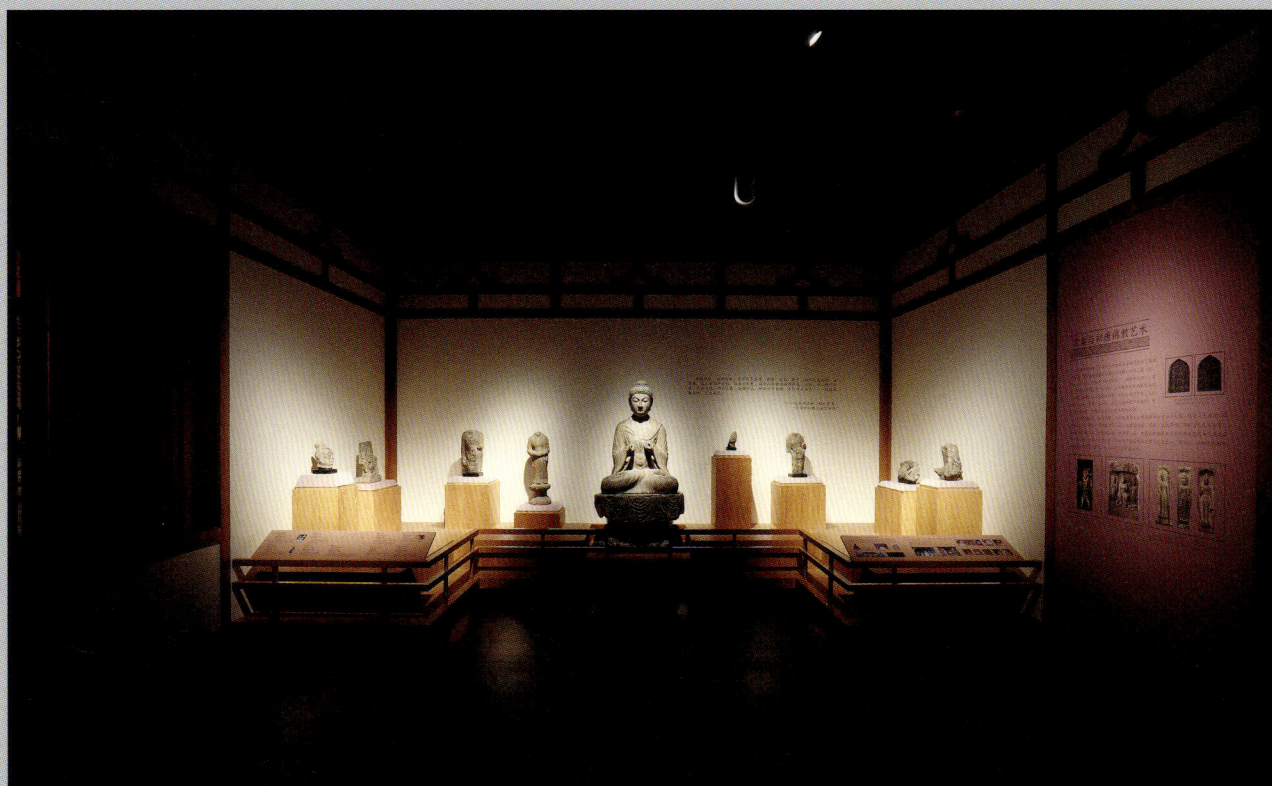

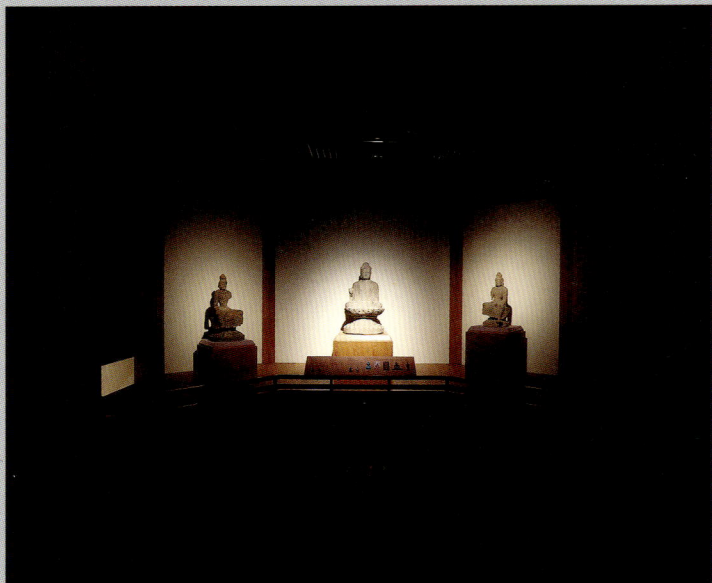

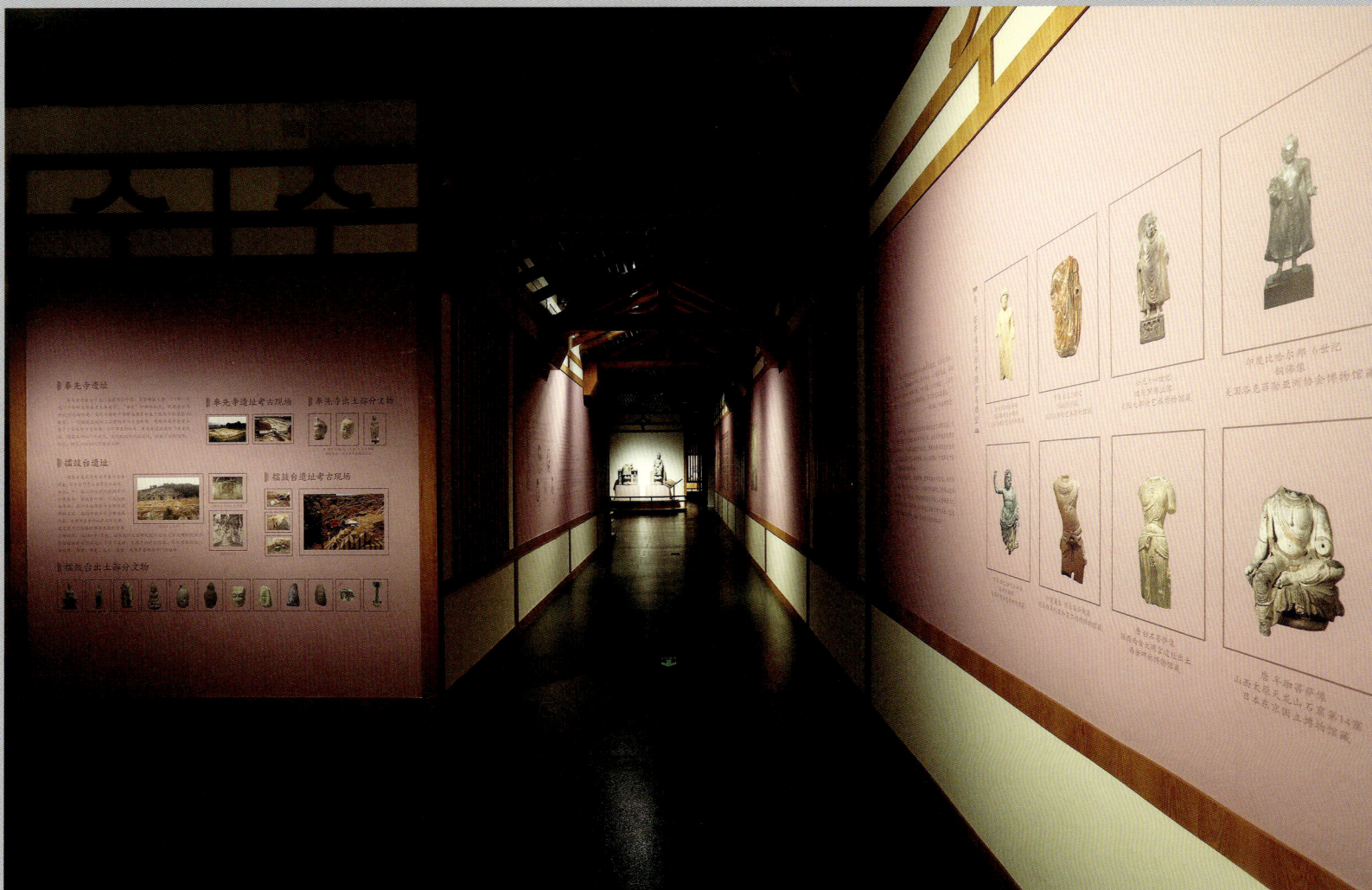

第三单元　文物归来

第一专题展厅 THE FIRST THEMATIC EXHIBITION HALL

星龛奕奕翠微边——洛阳龙门石窟魏唐造像艺术展平面图

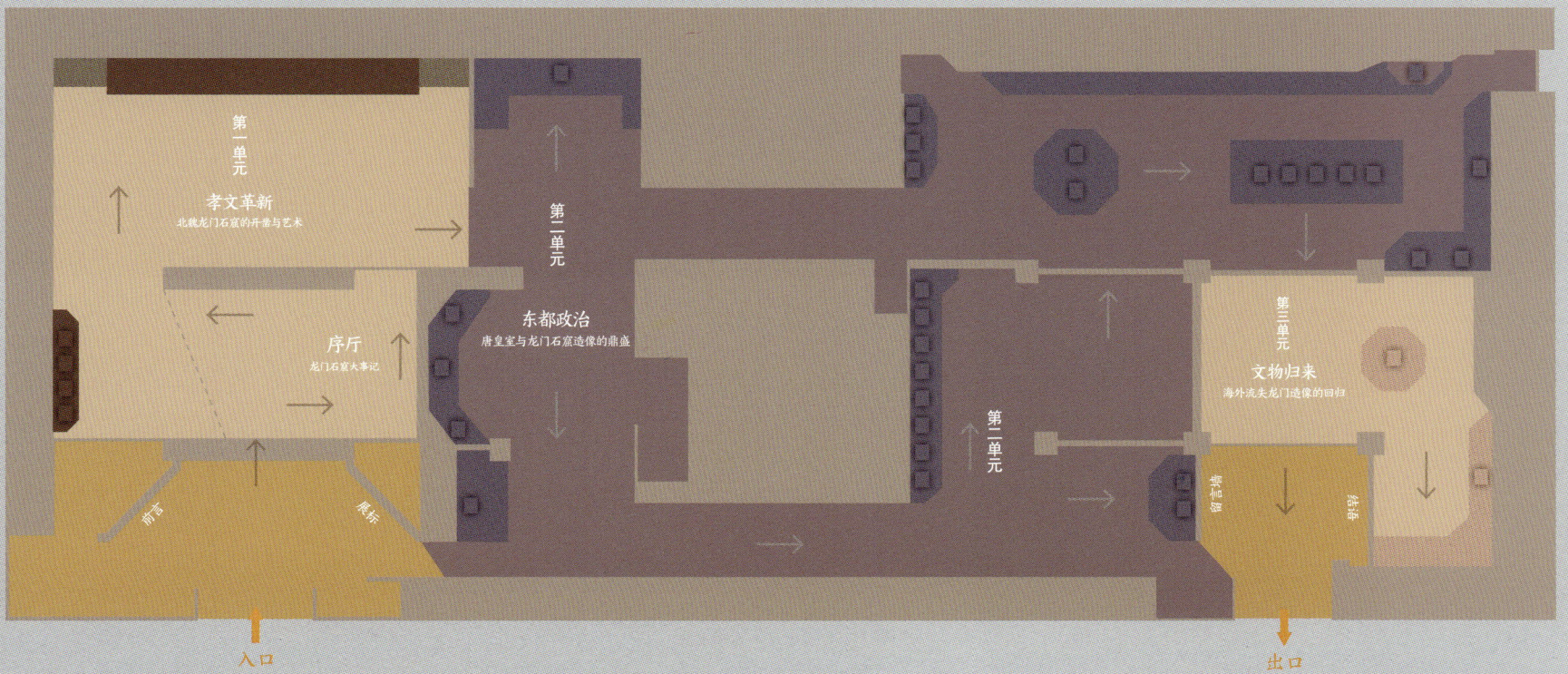

结语
CONCLUSION

在历史的长河里，中华文明以海纳百川、开放包容的广阔胸襟，不断吸收借鉴域外优秀文明成果，造就了独具特色的中国艺术精神和文化自信。纵观龙门石窟的魏唐造像，自北魏到初盛唐皇室贵族与各阶层乃至国际人士的大规模营建，代表了中古时期东西文明交流、胡汉民族融合以及中国雕塑艺术发展的最重要成果之一。抚今追昔，期待在今后的中外文明交流中，中国能结合自身传统文化和艺术精神，取得更多有创造性的成果。

During a long historical period, Chinese civilization has absorbed outstanding achievements from other civilizations with an open and inclusive mind, and has fostered unique Chinese artistic spirit and cultural confidence. As manifested in the statues of the Longmen Grottoes, the large-scale construction were built by the royal aristocracy and people from different social classes, as well as foreigners from medieval China, which is one of the most significant achievements in Chinese sculpture history demonstrating the cultural communication between the East and West and the combination between the Han and other nationalities. Recalling the past and looking to the future, it is expected that China will have more innovative achievements based on its traditional culture and unique artistic spirit in future communications between Chinese and Western civilizations.

主要参考文献

一、古籍文献

〔北魏〕杨衒之著，周祖谟校释《洛阳伽蓝记》，北京：中华书局，1963年。

〔北魏〕郦道元《水经注》，上海：上海古籍出版社，1990年。

〔北齐〕魏收撰《魏书》，北京：中华书局，1974年。

〔梁〕释慧皎著，汤用彤校注《高僧传》，北京：中华书局，1992年。

〔隋〕费长房《历代三宝记》，《大正藏》第49册，台北：新文丰出版公司，1975年。

〔唐〕李延寿撰《北史》，北京：中华书局，1974年。

〔唐〕令狐德棻等撰《周书》，北京：中华书局，1974年。

〔唐〕李延寿撰《南史》，北京：中华书局，1975年。

〔唐〕李百药撰《北齐书》，北京：中华书局，1972年。

〔唐〕魏征等撰《隋书》，北京：中华书局，1973年。

〔唐〕释道宣《广弘明集》，上海：上海古籍出版社，1991年。

〔唐〕释道世撰，周叔迦、苏晋仁校注《法苑珠林校注》，北京：中华书局，2003年。

〔唐〕释道宣，郭绍林点校《续高僧传》，北京：中华书局，2014年。

〔唐〕玄奘、辩机原著，季羡林等校注《大唐西域记》，北京：中华书局，1957年。

〔唐〕释慧立、释彦悰、道宣著，高永旺译《大慈恩寺三藏法师传》，北京：中华书局，2018年。

〔唐〕义净著，王邦维校注《大唐西域求法高僧传》，北京：中华书局，1988年。

〔唐〕法琳《辨证论》，《大藏经》第52册，台北：新文丰出版公司，1975年。

〔唐〕智昇《开元释教录》，《大正藏》第55册，台北：新文丰出版公司，1975年。

〔唐〕圆照《贞元新定释教目录》，《大正藏》第55册，台北：新文丰出版公司，1975年。

〔唐〕张彦远《历代名画记》，北京：人民美术出版社，1964年。

〔后晋〕刘昫等撰《旧唐书》，北京：中华书局，1975年。

〔宋〕释道诚撰，富世平校注《释氏要览校注》，北京：中华书局，2014年。

〔宋〕欧阳修、宋祁撰《新唐书》，北京：中华书局，1975年。

〔宋〕释赞宁撰，范祥雍点校《宋高僧传》，北京：中华书局，1987年。

〔宋〕司马光编著《资治通鉴》，北京：中华书局，2007年。

〔宋〕郭若虚《图画见闻志》，北京：人民美术出版社，1964年。

〔清〕董诰等编《全唐文》，北京：中华书局，1983年。

〔清〕彭定求编《全唐诗》，北京：中华书局，1960年。

〔清〕端方编著《陶斋藏石记》，台北：台联国风出版社，1969年。

陈尚君辑校《全唐文补编》，北京：中华书局，2005年。

二、中国图录与学者论著

中国石窟雕塑全集编辑委员会编《中国石窟雕塑全集》（全10册），重庆：重庆出版社，2001年。

宫大中《龙门石窟艺术》，上海：上海人民出版社，1981年。

龙门文物保管所、北京大学考古系编《中国石窟·龙门石窟》，北京：文物出版社，1991—1992年。

温玉成《唐代龙门十寺考察》，载龙门文物保管所、北京大学考古系编《中国石窟·龙门石窟》（二），北京：文物出版社，1992年。

温玉成《龙门唐窟排年》，《中国石窟·龙门石窟》（二），北京：文物出版社，1992年。

刘景龙编著《龙门石窟保护》，北京：中国科学技术出版社，1993年。

李文生《龙门石窟与洛阳历史文化》，上海：上海人民美术出版社，1993年。

龙门石窟研究所编《龙门流散雕像集》，上海：上海人民美术出版社，1993年。

龙门石窟研究所编《龙门石窟研究论文选》，上海：上海人民美术出版社，1993年。

李文生《龙门石窟与洛阳历史文化》，上海：上海人民美术出版社，1993年。

龙门石窟研究所、中央美术学院美术史系编《龙门石窟窟龛编号图册》，北京：人民美术出版社，1994年。

吕建福《中国密教史》，北京：中国社会科学出版社，1995年。

刘景龙编著《龙门二十品：碑刻与造像艺术》，北京：中国世界语言出版社，1995年。

龙门石窟研究所编，刘景龙、常青、王振国著《龙门石窟雕刻粹编·佛》，北京：文物出版社，1995年。

龙门石窟研究所编《龙门石窟一千五百周年国际学术讨论会论文集》，北京：文物出版社，1996年。

刘景龙主编《龙门二十品北魏碑刻造像聚珍》，北京：中国大百科全书出版社，1997年。

刘景龙、李玉昆编《龙门石窟碑刻题记汇录》，北京：中国大百科全书出版社，1998年。

刘景龙、杨超杰编《龙门石窟总录》，北京：中国大百科全书出版社，1999年。

吴元真主编《北京图书馆藏龙门石窟造像题记拓本全编》，桂林：广西师范大学出版社，2000年。

梁思成著，费慰梅编，梁从诫译《图像中国建筑史》，天津：百花文艺出版社，2001年。

刘景龙编著《古阳洞·龙门石窟第1443窟》，北京：科学出版社，2001年。

刘景龙编著《莲花洞：龙门石窟第712窟》，北京：科学出版社，2002年。

刘景龙主编《龙门石窟造像全集》第1卷《宾阳洞区》，北京：文物出版社，2002年。

刘景龙主编《龙门石窟造像全集》第2卷《敬善寺区至摩崖三佛》，北京：文物出版社，2002年。

杨超杰、严辉著《龙门石窟雕刻萃编：佛塔》，北京：中国大百科全书出版社，2002年。

刘景龙主编《龙门石窟纹饰拓片集》，北京：文物出版社，2003年。

刘景龙《龙门石窟开凿年代研究》，北京：外文出版社，2003年。

刘景龙主编《龙门石窟造像全集》第10卷《东山诸窟》，北京：文物出版社，2003年。

龙门石窟研究院编《龙门石窟研究院论文选》，郑州：中州古籍出版社，2004年。

洛阳师范学院河洛文化国际研究中心编，杨作龙、韩石萍主编《洛阳考古集成·隋唐五代宋卷》，北京：国家图书馆出版社，2005年。

李振刚《龙门石窟》，郑州：河南人民出版社，2006年。

郑州市博物馆编《郑州荥阳大海寺石刻造像》，郑州：河南美术出版社，2006年。

李振刚主编《2004年龙门石窟国际学术研讨会文集》，郑州：河南人民出版社，2006年。

王振国《龙门石窟与洛阳佛教文化》，郑州：中州古籍出版社，2006年。

张乃翥《龙门石窟与西域文明》，郑州：中州古籍出版社，2006年。

孙迪《中国流失海外佛教造像总合图目》（全8册），北京：外文出版社，2005年。

金申编著《海外及港澳台历代佛像珍品纪年图鉴》，太原：山西人民出版社，2007年。

李振刚编《龙门二十品》，郑州：河南美术出版社，2007年。

刘景龙编著《宾阳洞：龙门石窟第104、140、159窟》，北京：文物出版社，2010年。

高永坤、吕劲松、余扶危主编《洛阳石刻撷英》，北京：国家图书馆出版社， 2011年。

费泳《中国佛教艺术中的佛衣样式研究》，北京：中华书局，2012年。

白文《关中隋唐佛教艺术研究》，西安：陕西师范大学出版社有限公司，2012年。

梁思成著，胡木清主编《中国雕塑史（手稿珍藏本）》，北京：中华书局，2014年。

陈悦新《5—8世纪汉地佛像著衣法式》，北京：社会科学文献出版社 ，2014年。

孙英刚《神文时代；谶纬、术数与中古政治研究》，上海：上海古籍出版社，2014年。

李崇峰《佛教考古：从印度到中国》，上海：上海古籍出版社，2020年。

黄阳兴《咒语·图像·法术—密教与中晚唐文学研究》，深圳：海天出版社，2015年。

荣新江、罗新主编《粟特人在中国：考古发现与出土文献的新印证》，北京：科学出版社，2016年。

张乃翥、张成渝《丝绸之路视域中的洛阳石刻》，上海：上海古籍出版社，2018年。

龙门石窟研究院、北京大学考古文博学院、中国社会科学院世界宗教研究所编《龙门石窟考古报告：
东山擂鼓台区》，北京：科学出版社、龙门书局，2018年。

宿白《中国石窟寺研究》，北京：生活·读书·新知三联书店，2019年。

常青《长安与洛阳：五至九世纪两京佛教艺术研究》，北京：文物出版社，2020年。

温玉成《温玉成文集——龙门石窟卷》，北京：科学出版社，2021年10月。

龙门石窟研究院编著《龙门石窟考古报告：东山万佛沟区》，北京：科学出版社，2021年。

丁明夷《龙门石窟唐代造像的分期与类型》，《考古学报》1979年第4期。

张若愚《伊阙佛龛之碑和潜溪寺、宾阳洞》，《文物》1980年第1期。

张乃翥《龙门石窟维摩变造像及其意义》，《中原文物》1982年第3期。

温玉成《洛阳龙门香山寺遗址的调查与试掘》，《考古》1986年第1期。

杨宝顺《河南安阳灵泉寺石窟及小南海石窟》，《文物》1988年第4期。

宿白《南朝龛像遗迹初探》，《考古学报》1989年第4期。

刘景龙《龙门石窟开凿年代新考》，《中原文物》1993年第3期。

张乃翥《从龙门造像遗迹看北魏世俗生活面貌》，《中州学刊》1993年第1期。

张乃翥《龙门石窟擂鼓台三窟考察报告》，《洛阳大学学报》1995年第3期。

富安敦《龙门大奉先寺的起源及地位》，《中原文物》1997年第2期。

邵殿文《试论古阳洞初期造像的服饰变化》，《华夏考古》1998年第1期。

张乃翥《龙门石窟大卢舍那像龛考察报告》，《敦煌研究》1999年第2期。

刘景龙、李永强《洛阳龙门奉先寺遗址发掘简报》，《中原文物》2001年。

王洁《北魏孝文帝与龙门石窟古阳洞的雕造》，《考古与文物》2003年。

郑霞《龙门石窟艺术与中外文化交流》，《中州今古》2003年第4期。

张乃翥《洛阳新辑石刻所见唐代中原之佛教》，《中原文物》2008年第5期。

郑霞《龙门石窟对中国佛教雕塑艺术的影响》，《文物世界》2009年第6期。

袁德领《龙门石窟中武周时期的禅窟研究》，《敦煌研究》2010年第1期。

郑霞《龙门出土李元珪纪德幢、尼澄璨尊胜幢读后》，《敦煌研究》2010年第2期。

刘景龙《龙门石窟的造像艺术与题记书法》，《中国书法》2012年第3期。

赵云、刘懿夫、王晶、罗颖、高东亮《龙门石窟的窟龛分布与保存状况》，《古建园林技术》2016年
第1期。

焦建辉《龙门火烧洞(第1519窟)与北魏孝文帝》，《中原文物》2016年第5期。

陈悦新《龙门石窟北魏佛像着衣类型》，《石窟寺研究》第6期，2017年。

何卯平，宁强《从往生到来迎：西夏净土信仰对西方三圣的观念与图像重构》，《敦煌学辑刊》2019
年第3期。

彭明浩、李若水《龙门奉先寺大卢舍那像龛唐代的补凿与加建》，《考古》2020年第2期。

陈悦新《龙门石窟唐代佛像着衣类型》，《文物》2020年第7期。

三、海外图录与学者论著

大村西崖《密教发达志》，北京：中国书籍出版社，2013年。

水野清一、长广敏雄著《龙门石窟の研究》，东京：座右宝刊行会，1941年。

冢本善隆《龙门石窟に现れたる北魏佛教》，载《冢本善隆著作集》第二卷《北朝仏教史研究》，东
京：大东出版社，1974年。

关百益编《龙门石刻图录》，东京：汲古书院，1978年。

中田勇次郎编集《龙门造像题记》，东京：中央公论社，1980年。

水野清一《河南洛阳龙门石窟の研究》，京都：同朋舍，1980年。

松原三郎《中国仏教彫刻史論》，东京：吉川弘文馆，1995年。

东京国立博物馆编《宫廷の荣华—唐の女帝·则天武后とその时代展》，东京：东京国立博物馆，
1998年。

曾布川宽编《龙门石窟石刻集成》，京都：京都大学人文科学研究所附属东洋学文献センタ，2000年。

冢本善隆著，林保尧、颜娟英译《龙门石窟：北魏佛教研究》，新竹：觉风佛教艺术文化基金会，

2005年。

久野美树《唐代龙门石窟の研究：造形の思想的背景について》，东京：中央公论美术出版，2011年。

吉村怜著，卞立强译《天人诞生图研究—东亚佛教美术史论文集》，上海：上海古籍出版社，2009年。

石松日奈子著，筱原典生译《北魏佛教造像史研究》，北京：文物出版社，2012年。

八木春生著，丁淑君译《龙门石窟北魏后期洞窟小考——以520—530年期间开凿的石窟为中心》，《敦煌研究》2007年第12期，第14—26页。

八木春生《龙门石窟敬善寺洞地区造像に关する一考察》，《泉屋博古馆纪要》2014年第30卷，第27-51页。

肥田路美著，颜娟英等译《云翔瑞像：初唐佛教美术研究》，台北：台大出版中心，2018年。

冈村秀典著，徐小淑译《云冈石窟的考古学研究》，成都：四川人民出版社，2021年。

常盘大定、关野贞著，苏红译《晚晴民国时期中国名胜古迹图集》（第二卷），北京：中国画报出版社，2019年。

曾布川宽《龙门石窟における唐代造像の研究》，《东方学报》第60册，京都：京都大学人文科学研究所，1988年。

石松日奈子撰、云中译《龙门古阳洞初期造像的中国化问题》，《华夏考古》1999年第2期。

久野美树、李茹、赵声良《龙门石窟擂鼓台南洞、中洞试论》，《敦煌研究》2009年第3期。

日本东京国立博物馆编《宫廷の栄华　唐の女帝・则天武后とその时代展》，东京：日本东京国立博物馆，1998年。

上原和著，于冬梅、赵声良译《龙门石窟古阳洞开凿的年代（上）（下）——对现行的北魏孝文帝迁洛的后营建说谬误之纠正》，《敦煌研究》2006年第6期、2007年第1期，第13—34页、第12—23页。

西川宁编《西安碑林》，东京：讲谈社，1966年，第61—66页。

于君方著，陈怀宇、姚崇新、林佩莹译《观音——菩萨中国化的演变》，北京：商务印书馆，2012年。

查尔斯·兰·弗利尔著，李雯、王伊悠译《佛光无尽：弗利尔1910年龙门纪行（修订版）》，上海：上海书画出版社，2019年。

倪雅梅著，陈朝阳、赵诣、朱品岩译，龙门石窟研究院编《龙门石窟供养人：中古中国佛教造像中的信仰、政治与资助》，北京：中华书局，2020年。

Jan van Alphen edited, *The Buddha in the Dragon Gate: Buddhist sculpture of the 5th-9th centuries from Longmen*, China, Antwerpen: Etnografisch Museum, 2001.

Amy McNair, *Donors of Longmen: faith, politics, and patronage in medieval Chinese Buddhist sculpture*, Honolulu: University of Hawai'i Press, 2007.

Eugene Y. Wang, *Shaping the Lotus Sutra*: *Buddhist Visual Culture in Medieval China*, Washington: University of Washington Press, 2007.

Leopold Swergold (思沃格), Eileen Hsiang-ling Hsu (许湘苓), *Treasures Rediscovered: Chinese Stone Sculpture from the Sackler Collections at Columbia University*, New York: the Miriam and Ira D. Wallach Art Gallery, 2008.

图版目录 | INDEX

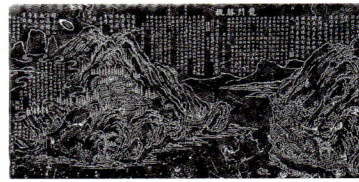

〇一 龙门胜概图 拓片

清（1644—1911）

原石位于龙门石窟东山擂鼓台碑廊

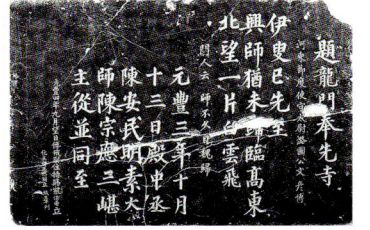

〇二 文彦博题龙门奉先寺碑 拓片

北宋 元丰四年（1081）

2000年龙门石窟西山奉先寺遗址出土

〇三 菩萨头像

北魏晚期（495—534）

1987年龙门石窟西山火烧洞前出土

〇四 浮雕飞天像

北魏晚期（495—534）

1988年龙门石窟西山火烧洞前出土

〇五 人物头像

北魏晚期（495—534）

1953年青岛海关转故宫博物院移交

〇六 狮子像头部

北魏晚期（495—534）

1987年龙门石窟西山火烧洞与古阳洞之间发现

〇七 菩萨残像

东魏至北齐（534—577）

1988年龙门石窟西山火烧洞前出土

〇八 孙秋生造像 题记拓片

北魏 太和十七年（493）

龙门石窟西山古阳洞

〇九 牛橛造像 题记拓片

北魏 太和十九年（495）

龙门石窟西山古阳洞

一〇 始平公造像 题记拓片

北魏 太和二十二年（498）

龙门石窟西山古阳洞

一一 高树等造像 题记拓片

北魏景明三年（502）

龙门石窟西山古阳洞

一二 杨大眼造像 题记拓片

北魏景明正始年间（500—508）

龙门石窟西山古阳洞

一三 魏灵藏造像 题记拓片

北魏（398—534）

龙门石窟西山古阳洞

一四 佛坐像

盛唐（8世纪前期）

社会征集

一五 佛坐像

盛唐（8世纪）

社会征集

一六 佛坐像

唐（618—907）

社会征集

一七 佛坐像

盛唐（8世纪）

1958年龙门石窟西山奉先寺遗址出土

一八 佛坐像

唐（618—907）

社会征集

一九 佛立像

唐（618—907）

1982 年龙门东山擂鼓台南洞外南侧出土

二〇 佛立像

唐（618—907）

龙门奉先寺遗址出土

二一 佛立像

唐（618—907）

社会征集

二二 造像残件

唐（618—907）

社会征集

二三 优填王造像

初唐（7 世纪）

1980 年龙门石窟西山敬善寺洞附近发现

二四 优填王像残件

唐 咸亨三年（672）

社会征集

二五 范家婆造像龛

唐（618—907）

1992 年龙门石窟西山 29 号龛出土

二六 佛头像

唐（618—907）

2008 年龙门石窟东山擂鼓台区窟前
建筑遗址出土

二七 残佛龛

唐（618—907）

2000 年龙门石窟奉先寺遗址出土

二八 佛头像

唐（618—907）

2000 年龙门石窟西山奉先寺遗址出土

二九 佛头像

唐（618—907）

2017 年龙门石窟东山香山寺遗址出土

三〇 佛头像

唐（618—907）

2000 年龙门石窟西山奉先寺遗址出土

三一 佛半身像

唐（618—907）

2000 年龙门石窟西山奉先寺遗址出土

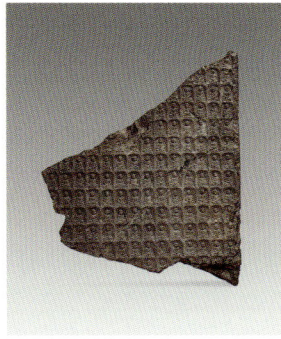

三二 千佛残件

唐（618—907）

2000 年龙门石窟西山奉先寺遗址出土

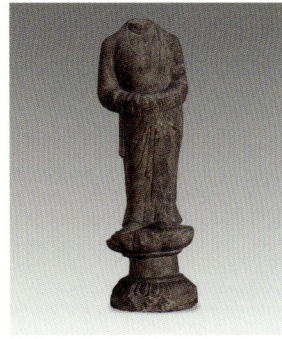

三三 弟子像

盛唐（8 世纪）

2000 年龙门石窟西山奉先寺遗址出土

三四 弟子头像

唐（618—907）

社会征集

三五 大势至菩萨像

唐（618—907）

2000 年龙门石窟西山奉先寺遗址出土

三六 半跏菩萨像

唐（618—907）

2000 年龙门石窟西山奉先寺遗址出土

三七 菩萨半跏残像

唐（618—907）

2000 年龙门石窟西山奉先寺遗址出土

三八 菩萨残像

盛唐（8 世纪）

2000 年龙门石窟西山奉先寺遗址出土

三九 菩萨残像

盛唐（7 世纪末 8 世纪初）

2000 年龙门石窟西山奉先寺遗址出土

四〇 菩萨头像

盛唐（8 世纪）

2000 年龙门石窟西山奉先寺遗址出土

四一 菩萨头像

盛唐（8 世纪）

2008 年龙门石窟东山擂鼓台区窟前
建筑遗址出土

四二 菩萨头像

唐（618—907）

2008 年龙门石窟东山擂鼓台区窟前
建筑遗址出土

四三 菩萨头像

唐（618—907）

2000 年龙门石窟西山奉先寺遗址出土

四四 菩萨头像

唐（618—907）

2008 年龙门石窟东山擂鼓台区窟前
建筑遗址出土

四五 菩萨残像

唐（618—907）

龙门石窟东山擂鼓台区窟前建筑遗
址出土

四六 菩萨残像

唐（618—907）

2000 年龙门石窟西山奉先寺遗址出土

四七 菩萨立像

唐（618—907）

1992 年龙门石窟西山宾阳洞前出土

四八 菩萨残像

唐（618—907）

2013 年龙门石窟东山擂鼓台南洞外
南侧出土

四九 观世音像龛

唐（618—907）

龙门石窟西山万佛洞前室南壁

五〇 宝冠佛坐像

初唐（7 世纪末至 8 世纪初）

社会征集

五一 宝冠佛坐像

初唐（7 世纪末至 8 世纪初）

龙门附近征集

五二 宝冠佛坐像

唐（618—907）

社会征集

五三 宝冠菩萨坐像

唐（618—907）

2000 年龙门石窟东山擂鼓台遗址出土

五四 宝冠菩萨头像

唐（618—907）

2008 年龙门石窟东山擂鼓台区窟前
建筑遗址出土

五五 宝冠菩萨头像

唐（618—907）

2008 年龙门石窟东山擂鼓台区窟前
建筑遗址出土

五六 宝冠菩萨头像

唐（618—907）

2008 年龙门石窟东山擂鼓台区窟前
建筑遗址出土

五七 踩夜叉天王残像

盛唐（7 世纪末 8 世纪初）

1987 年龙门石窟西山火烧洞前出土

五八 金刚力士像

唐（618—907）

1953 年龙门石窟西山路洞前出土

五九 金刚力士头像

盛唐（8 世纪）

1987 年龙门石窟西山火烧洞前出土

六〇 金刚力士残件

唐（618—907）

社会征集

六一 飞天

唐（618—907）

1953 年山东青岛海关移交

六二 安思泰石塔

唐 长安三年（703）

社会征集

六三 珪和尚纪德幢

唐 开元十三年（725）

社会征集

六四 佛顶尊胜陀罗尼经幢

唐 贞元十八年（802）

20 世纪 60 年代初龙门石窟西山奉先寺
遗址出土

六五 四佛造像塔幢

唐 大中四年（850）

1989 年龙门石窟西山宾阳洞附近出土

六六 狮子像

唐（618—907）

原位于龙门石窟西山清明寺
20 世纪 30 年代被盗凿
1968 年上海博物馆送还

六七 石雕四龙托莲座

唐（618—907）

2008 年龙门石窟东山擂鼓台区窟前建
筑遗址出土

六八 石雕莲座

唐（618—907）

2013 年龙门石窟东山擂鼓台南洞外
南侧出土

六九 灯座

唐（618—907）

2008 年龙门石窟东山擂鼓台区窟前
建筑遗址出土

七〇 李夫人墓碑

唐 天宝三载（744）

1985 年龙门石窟西山出土

七一 佛头像

北魏 景明三年（502）

原龙门石窟西山古阳洞高树等造像龛佛头
2005 年 10 月回归龙门石窟

七二 菩萨头像

北魏（398—534）

2005 年 10 月回归龙门石窟

七三 佛头像

唐（618—907）

2005 年 10 月回归龙门石窟

七四 佛头像

唐（618—907）

2005 年 10 月回归龙门石窟

七五 摩诃迦叶祖师像

初唐（618—712）

原龙门石窟东山看经寺洞南壁罗汉像
2001 年 4 月回归龙门石窟

七六 观音菩萨头像

唐（618—907）

原龙门石窟西山火顶洞主尊左胁侍观音
菩萨头像 2005 年 10 月回归龙门石窟

七七 天王头像

盛唐（8 世纪）

2005 年 10 月回归龙门石窟

七八 飞天像

唐（618—907）

2005 年 10 月回归龙门石窟

图书在版编目（CIP）数据

星龛奕奕翠微边：洛阳龙门石窟魏唐造像艺术 / 深圳博物馆
编. -- 北京：生活·读书·新知三联书店, 2023.9
　ISBN 978-7-108-07177-4

　Ⅰ. ①星… Ⅱ. ①深… Ⅲ. ①龙门石窟－石刻造像－
图录 Ⅳ. ①K879.232

中国版本图书馆CIP数据核字(2021)第109883号

图录编辑委员会

主　　任　叶　杨
副 主 任　郭学雷
编　　著　黄阳兴
编　　委　谢凡雯　崔　校　刘慧雯
校　　对　黄阳兴　谢凡雯　刘绎一
翻　　译　谢凡雯　刘慧雯　范瑾媛
摄　　影　张亚光　黄诗金

责任编辑　张　龙
责任印制　李思佳
出版发行　**生活·讀書·新知**三联书店
　　　　　（北京市东城区美术馆东街22号 100010）
网　　址　www.sdxjpc.com
经　　销　新华书店
印　　刷　雅昌文化（集团）有限公司
版　　次　2023年9月北京第1版
　　　　　2023年9月北京第1次印刷
开　　本　787毫米×1092毫米　1/8　印张30.5
字　　数　92千字　图528幅
印　　数　0,001- 1,500册
定　　价　490.00元
（印装查询：01064002715；邮购查询：01084010542）